I0150760

WORTSCHATZ DEUTSCH-HINDI
für das Selbststudium

Die Vokabelbücher von T&P Books sind dafür vorgesehen, Ihnen beim Lernen einer Fremdsprache zu helfen, Wörter zu memorieren und zu wiederholen. Der Wortschatz enthält über 7000 häufig gebrauchte, thematisch geordnete Wörter.

- Der Wortschatz enthält die am häufigsten benutzten Wörter
- Eignet sich als Ergänzung zu jedem Sprachkurs
- Erfüllt die Bedürfnisse von Anfängern und fortgeschrittenen Lernenden von Fremdsprachen
- Praktisch für den täglichen Gebrauch, zur Wiederholung und um sich selbst zu testen
- Ermöglicht es, Ihren Wortschatz einzuschätzen

Besondere Merkmale des Wortschatzes:

- Wörter sind entsprechend ihrer Bedeutung und nicht alphabetisch organisiert
- Wörter werden in drei Spalten präsentiert, um das Wiederholen und den Selbstüberprüfungsprozess zu erleichtern
- Wortgruppen werden in kleinere Einheiten aufgespalten, um den Lernprozess zu fördern
- Der Wortschatz bietet eine praktische und einfache Lautschrift jedes Wortes der Fremdsprache

Der Wortschatz hat 198 Themen, einschließlich:

Grundbegriffe, Zahlen, Farben, Monate, Jahreszeiten, Maßeinheiten, Kleidung und Accessoires, Essen und Ernährung, Restaurant, Familienangehörige, Verwandte, Charaktereigenschaften, Empfindungen, Gefühle, Krankheiten, Großstadt, Kleinstadt, Sehenswürdigkeiten, Einkaufen, Geld, Haus, Zuhause, Büro, Import & Export, Marketing, Arbeitssuche, Sport, Ausbildung, Computer, Internet, Werkzeug, Natur, Länder, Nationalitäten und vieles mehr...

3

INHALT

HINDI

WORTSCHATZ

DEUTSCH
HINDI

Die nützlichsten Wörter
Zur Erweiterung Ihres Wortschatzes und
Verbesserung der Sprachfertigkeit

7000 Wörter

Wortschatz Deutsch-Hindi für das Selbststudium - 7000 Wörter
Von Andrey Taranov

T&P Books Vokabelbücher sind dafür vorgesehen, beim Lernen einer Fremdsprache zu helfen, Wörter zu memorieren und zu wiederholen. Das Wörterbuch ist nach Themen aufgeteilt und deckt alle wichtigen Bereiche des täglichen Lebens, Berufs, Wissenschaft, Kultur etc. ab.

Durch das Benutzen der themenbezogenen T&P Books ergeben sich folgende Vorteile für den Lernprozess:

- Sachgemäß geordnete Informationen bestimmen den späteren Erfolg auf den darauffolgenden Stufen der Memorisierung
- Die Verfügbarkeit von Wörtern, die sich aus der gleichen Wurzel ableiten lassen, erlaubt die Memorisierung von Worteinheiten (mehr als bei einzeln stehenden Wörtern)
- Kleine Worteinheiten unterstützen den Aufbauprozess von assoziativen Verbindungen für die Festigung des Wortschatzes
- Die Kenntnis der Sprache kann aufgrund der Anzahl der gelernten Wörter eingeschätzt werden

T&P Books Publishing
www.tpbooks.com

ISBN: 978-1-78616-573-2

Dieses Buch ist auch im E-Book Format erhältlich.
Besuchen Sie uns auch auf www.tpbooks.com oder auf einer der bedeutenden Buchhandlungen online.

LEITFADEN FÜR DIE AUSSPRACHE

Buchstabe	Hindi Beispiel	T&P phonetisches Alphabet	Deutsch Beispiel

Vokale

अ	अक्सर	[a]; [ɑ], [ə]	schwarz; halte
आ	आगमन	[a:]	Zahlwort
इ	इनाम	[i]	ihr, finden
ई	ईश्वर	[i], [i:]	Wieviel
उ	उठना	[ʊ]	dumm
ऊ	ऊपर	[u:]	Zufall
ऋ	ऋग्वेद	[r, rʲ]	Kristall
ए	एकता	[e:]	Wildleder
ऐ	ऐनक	[aj]	Reihe
ओ	ओला	[o:]	groß
औ	औरत	[au]	Knoblauch
अं	अंजीर	[ŋ]	Känguru
अः	अ से अः	[h]	brauchbar
ऑ	ऑफिस	[ɒ]	provozieren

Konsonanten

क	कमरा	[k]	Kalender
ख	खिड़की	[kh]	Flughafen
ग	गरज	[g]	gelb
घ	घर	[gh]	aspiriertes [g]
ङ	डाकू	[ŋ]	Känguru
च	चक्कर	[ʧ]	Matsch
छ	छात्र	[ʧh]	aspiriert [tsch]
ज	जाना	[ʤ]	Kambodscha
झ	झलक	[ʤ]	Kambodscha
ञ	विज्ञान	[n]	Champagner
ट	मटर	[t]	still
ठ	ठेका	[th]	Mädchen
ड	डंडा	[d]	Detektiv
ढ	ढलान	[d]	Detektiv
ण	क्षण	[n]	Ein stimmhafter retroflexer Nasal
त	ताकत	[t]	still
थ	थकना	[th]	Mädchen
द	दरवाज़ा	[d]	Detektiv
ध	धोना	[d]	Detektiv
न	नाई	[n]	Vorhang

Buchstabe	Hindi Beispiel	T&P phonetisches Alphabet	Deutsch Beispiel
प	पिता	[p]	Polizei
फ	फल	[f]	fünf
ब	बच्चा	[b]	Brille
भ	भाई	[b]	Brille
म	माता	[m]	Mitte
य	याद	[j]	Jacke
र	रीछ	[r]	richtig
ल	लाल	[l]	Juli
व	वचन	[v]	November
श	शिक्षक	[ʃ]	Chance
ष	भाषा	[ʃ]	Chance
स	सोना	[s]	sein
ह	हज़ार	[h]	brauchbar

Zusätzliche Konsonanten

क़	क़लम	[q]	Kobra
ख़	ख़बर	[h]	brauchbar
ड	लड़का	[r]	richtig
ढ	पढ़ना	[r]	richtig
ग	ग़लती	[ɣ]	Vogel (Berlinerisch)
ज	ज़िन्दगी	[z]	sein
झ	टें्ज़र	[ʒ]	Regisseur
फ़	फ़ौज	[f]	fünf

ABKÜRZUNGEN
die im Vokabular verwendet werden

Deutsch. Abkürzungen

Adj	-	Adjektiv
Adv	-	Adverb
Amtsspr.	-	Amtssprache
f	-	Femininum
f, n	-	Femininum, Neutrum
Fem.	-	Femininum
m	-	Maskulinum
m, f	-	Maskulinum, Femininum
m, n	-	Maskulinum, Neutrum
Mask.	-	Maskulinum
n	-	Neutrum
pl	-	Plural
Sg.	-	Singular
ugs.	-	umgangssprachlich
unzähl.	-	unzählbar
usw.	-	und so weiter
v mod	-	Modalverb
vi	-	intransitives Verb
vi, vt	-	intransitives, transitives Verb
vt	-	transitives Verb
zähl.	-	zählbar
z.B.	-	zum Beispiel

Hindi. Abkürzungen

f	-	Femininum
f pl	-	Femininum plural
m	-	Maskulinum
m pl	-	Maskulinum plural

GRUNDBEGRIFFE

Grundbegriffe. Teil 1

1. Pronomen

ich	मैं	main
du	तुम	tum
er, sie, es	वह	vah
wir	हम	ham
ihr	आप	āp
sie	वे	ve

2. Grüße. Begrüßungen. Verabschiedungen

Hallo! (ugs.)	नमस्कार!	namaskār!
Hallo! (Amtsspr.)	नमस्ते!	namaste!
Guten Morgen!	नमस्ते!	namaste!
Guten Tag!	नमस्ते!	namaste!
Guten Abend!	नमस्ते!	namaste!
grüßen (vi, vt)	नमस्कार कहना	namaskār kahana
Hallo! (ugs.)	नमस्कार!	namaskār!
Gruß (m)	अभिवादन (m)	abhivādan
begrüßen (vt)	अभिवादन करना	abhivādan karana
Wie geht's?	आप कैसे हैं?	āp kaise hain?
Was gibt es Neues?	क्या हाल है?	kya hāl hai?
Auf Wiedersehen!	अलविदा!	alavida!
Bis bald!	फिर मिलेंगे!	fir milenge!
Lebe wohl!	अलिवदा!	alivada!
Leben Sie wohl!	अलविदा!	alavida!
sich verabschieden	अलविदा कहना	alavida kahana
Tschüs!	अलविदा!	alavida!
Danke!	धन्यवाद!	dhanyavād!
Dankeschön!	बहुत बहुत शुक्रिया!	bahut bahut shukriya!
Bitte (Antwort)	कोई बात नहीं	koī bāt nahin
Keine Ursache.	कोई बात नहीं	koī bāt nahin
Nichts zu danken.	कोई बात नहीं	koī bāt nahin
Entschuldige!	माफ़ कीजिएगा!	māf kījiega!
Entschuldigung!	माफ़ी कीजियेगा!	māfī kījiyega!
entschuldigen (vt)	माफ़ करना	māf karana
sich entschuldigen	माफ़ी मांगना	māfī māngana
Verzeihung!	मुझे माफ़ कीजिएगा	mujhe māf kījiega

Es tut mir leid!	मुझे माफ़ कीजिएगा!	mujhe māf kījiega!
verzeihen (vt)	माफ़ करना	māf karana
bitte (Die Rechnung, ~!)	कृप्या	krpya

Nicht vergessen!	भूलना नहीं!	bhūlana nahin!
Natürlich!	ज़रूर!	zarūr!
Natürlich nicht!	बिल्कुल नहीं!	bilkul nahin!
Gut! Okay!	ठीक है!	thīk hai!
Es ist genug!	बहुत हुआ!	bahut hua!

3. Grundzahlen. Teil 1

null	ज़ीरो	zīro
eins	एक	ek
zwei	दो	do
drei	तीन	tīn
vier	चार	chār

fünf	पाँच	pānch
sechs	छह	chhah
sieben	सात	sāt
acht	आठ	āth
neun	नौ	nau

zehn	दस	das
elf	ग्यारह	gyārah
zwölf	बारह	bārah
dreizehn	तेरह	terah
vierzehn	चौदह	chaudah

fünfzehn	पन्द्रह	pandrah
sechzehn	सोलह	solah
siebzehn	सत्रह	satrah
achtzehn	अठारह	athārah
neunzehn	उन्नीस	unnīs

zwanzig	बीस	bīs
einundzwanzig	इक्कीस	ikkīs
zweiundzwanzig	बाईस	baīs
dreiundzwanzig	तेईस	teīs

dreißig	तीस	tīs
einunddreißig	इकतीस	ikattīs
zweiunddreißig	बत्तीस	battīs
dreiunddreißig	तैंतीस	taintīs

vierzig	चालीस	chālīs
einundvierzig	इक्तालीस	iktālīs
zweiundvierzig	बयालीस	bayālīs
dreiundvierzig	तैंतालीस	taintālīs

fünfzig	पचास	pachās
einundfünfzig	इक्यावन	ikyāvan
zweiundfünfzig	बावन	bāvan

dreiundfünfzig	तिरपन	tirapan
sechzig	साठ	sāth
einundsechzig	इकसठ	ikasath
zweiundsechzig	बासठ	bāsath
dreiundsechzig	तिरसठ	tirasath

siebzig	सत्तर	sattar
einundsiebzig	इकहत्तर	ikahattar
zweiundsiebzig	बहत्तर	bahattar
dreiundsiebzig	तिहत्तर	tihattar

achtzig	अस्सी	assī
einundachtzig	इक्यासी	ikyāsī
zweiundachtzig	बयासी	bayāsī
dreiundachtzig	तिरासी	tirāsī

neunzig	नब्बे	nabbe
einundneunzig	इक्यानवे	ikyānave
zweiundneunzig	बानवे	bānave
dreiundneunzig	तिरानवे	tirānave

4. Grundzahlen. Teil 2

einhundert	सौ	sau
zweihundert	दो सौ	do sau
dreihundert	तीन सौ	tīn sau
vierhundert	चार सौ	chār sau
fünfhundert	पाँच सौ	pānch sau

sechshundert	छह सौ	chhah sau
siebenhundert	सात सो	sāt so
achthundert	आठ सौ	āth sau
neunhundert	नौ सौ	nau sau

eintausend	एक हज़ार	ek hazār
zweitausend	दो हज़ार	do hazār
dreitausend	तीन हज़ार	tīn hazār
zehntausend	दस हज़ार	das hazār
hunderttausend	एक लाख	ek lākh
Million (f)	दस लाख (m)	das lākh
Milliarde (f)	अरब (m)	arab

5. Zahlen. Brüche

Bruch (m)	अपूर्णांक (m)	apūrnānk
Hälfte (f)	आधा	ādha
Drittel (n)	एक तीहाई	ek tīhaī
Viertel (n)	एक चौथाई	ek chauthaī
Achtel (m, n)	आठवां हिस्सा	āthavān hissa
Zehntel (n)	दसवां हिस्सा	dasavān hissa
zwei Drittel	दो तिहाई	do tihaī
drei Viertel	पौना	pauna

6. Zahlen. Grundrechenarten

Subtraktion (f)	घटाव (m)	ghatāv
subtrahieren (vt)	घटाना	ghatāna
Division (f)	विभाजन (m)	vibhājan
dividieren (vt)	विभाजित करना	vibhājit karana
Addition (f)	जोड़ (m)	jor
addieren (vt)	जोड़ करना	jor karana
hinzufügen (vt)	जोड़ना	jorana
Multiplikation (f)	गुणन (m)	gunan
multiplizieren (vt)	गुणा करना	guna karana

7. Zahlen. Verschiedenes

Ziffer (f)	अंक (m)	ank
Zahl (f)	संख्या (f)	sankhya
Zahlwort (n)	संख्यावाचक (m)	sankhyāvāchak
Minus (n)	घटाव चिह्न (m)	ghatāv chihn
Plus (n)	जोड़ चिह्न (m)	jor chihn
Formel (f)	फ़ारमूला (m)	fāramūla
Berechnung (f)	गणना (f)	ganana
zählen (vt)	गिनना	ginana
berechnen (vt)	गिनती करना	ginatī karana
vergleichen (vt)	तुलना करना	tulana karana
Wie viel, -e?	कितना?	kitana?
Summe (f)	कुल (m)	kul
Ergebnis (n)	नतीजा (m)	natīja
Rest (m)	शेष (m)	shesh
einige (~ Tage)	कुछ	kuchh
wenig (Adv)	थोड़ा ...	thora …
Übrige (n)	बाक़ी	bāqī
anderthalb	डेढ़	derh
Dutzend (n)	दर्जन (m)	darjan
entzwei (Adv)	दो भागों में	do bhāgon men
zu gleichen Teilen	बराबर	barābar
Hälfte (f)	आधा (m)	ādha
Mal (n)	बार (m)	bār

8. Die wichtigsten Verben. Teil 1

abbiegen (nach links ~)	मुड़ जाना	mur jāna
abschicken (vt)	भेजना	bhejana
ändern (vt)	बदलना	badalana
andeuten (vt)	इशारा करना	ishāra karana
Angst haben	डरना	darana
ankommen (vi)	पहुँचना	pahunchana

antworten (vi)	जवाब देना	javāb dena
arbeiten (vi)	काम करना	kām karana
auf ... zählen	भरोसा रखना	bharosa rakhana
aufbewahren (vt)	रखना	rakhana

aufschreiben (vt)	लिख लेना	likh lena
ausgehen (vi)	बाहर जाना	bāhar jāna
aussprechen (vt)	उच्चारण करना	uchchāran karana
bedauern (vt)	अफ़सोस जताना	afasos jatāna
bedeuten (vt)	अर्थ होना	arth hona
beenden (vt)	ख़त्म करना	khatm karana

befehlen (Milit.)	हुक्म देना	hukm dena
befreien (Stadt usw.)	आज़ाद करना	āzād karana
beginnen (vt)	शुरू करना	shurū karana
bemerken (vt)	देखना	dekhana
beobachten (vt)	देखना	dekhana

berühren (vt)	छूना	chhūna
besitzen (vt)	मालिक होना	mālik hona
besprechen (vt)	चर्चा करना	charcha karana
bestehen auf	आग्रह करना	āgrah karana
bestellen (im Restaurant)	ऑर्डर करना	ordar karana

bestrafen (vt)	सज़ा देना	saza dena
beten (vi)	दुआ देना	dua dena
bitten (vt)	माँगना	māngana
brechen (vt)	तोड़ना	torana
denken (vi, vt)	सोचना	sochana

drohen (vi)	धमकाना	dhamakāna
Durst haben	प्यास लगना	pyās lagana
einladen (vt)	आमंत्रित करना	āmantrit karana
einstellen (vt)	बंद करना	band karana
einwenden (vt)	एतराज़ करना	etarāz karana
empfehlen (vt)	सिफ़ारिश करना	sifārish karana

erklären (vt)	समझाना	samajhāna
erlauben (vt)	अनुमति देना	anumati dena
ermorden (vt)	मार डालना	mār dālana
erwähnen (vt)	उल्लेख करना	ullekh karana
existieren (vi)	होना	hona

9. Die wichtigsten Verben. Teil 2

fallen (vi)	गिरना	girana
fallen lassen	गिराना	girāna
fangen (vt)	पकड़ना	pakarana
finden (vt)	ढूँढना	dhūrhana
fliegen (vi)	उड़ना	urana

folgen (Folge mir!)	पीछे चलना	pīchhe chalana
fortsetzen (vt)	जारी रखना	jārī rakhana
fragen (vt)	पूछना	pūchhana

frühstücken (vi)	नाश्ता करना	nāshta karana
geben (vt)	देना	dena

gefallen (vi)	पसंद करना	pasand karana
gehen (zu Fuß gehen)	जाना	jāna
gehören (vi)	स्वामी होना	svāmī hona
graben (vt)	खोदना	khodana

haben (vt)	होना	hona
helfen (vi)	मदद करना	madad karana
herabsteigen (vi)	उतरना	utarana
hereinkommen (vi)	अंदर आना	andar āna

hoffen (vi)	आशा करना	āsha karana
hören (vt)	सुनना	sunana
hungrig sein	भूख लगना	bhūkh lagana
informieren (vt)	खबर देना	khabar dena
jagen (vi)	शिकार करना	shikār karana

kennen (vt)	जानना	jānana
klagen (vi)	शिकायत करना	shikāyat karana
können (v mod)	सकना	sakana
kontrollieren (vt)	नियंत्रित करना	niyantrit karana
kosten (vt)	दाम होना	dām hona

kränken (vt)	अपमान करना	apamān karana
lächeln (vi)	मुस्कुराना	muskurāna
lachen (vi)	हसना	hansana
laufen (vi)	दौड़ना	daurana
leiten (Betrieb usw.)	प्रबंधन करना	prabandhan karana

lernen (vt)	पढ़ाई करना	parhaī karana
lesen (vi, vt)	पढ़ना	parhana
lieben (vt)	प्यार करना	pyār karana
machen (vt)	करना	karana

mieten (Haus usw.)	किराए पर लेना	kirae par lena
nehmen (vt)	लेना	lena
noch einmal sagen	दोहराना	doharāna
nötig sein	आवश्यक होना	āvashyak hona
öffnen (vt)	खोलना	kholana

10. Die wichtigsten Verben. Teil 3

planen (vt)	योजना बनाना	yojana banāna
prahlen (vi)	डींग मारना	dīng mārana
raten (vt)	सलाह देना	salāh dena
rechnen (vt)	गिनना	ginana
reservieren (vt)	बुक करना	buk karana

retten (vt)	बचाना	bachāna
richtig raten (vt)	अंदाज़ा लगाना	andāza lagāna
rufen (um Hilfe ~)	बुलाना	bulāna
sagen (vt)	कहना	kahana

schaffen (Etwas Neues zu ~)	बनाना	banāna
schelten (vt)	डाँटना	dāntana
schießen (vi)	गोली चलाना	golī chalāna
schmücken (vt)	सजाना	sajāna
schreiben (vi, vt)	लिखना	likhana
schreien (vi)	चिल्लाना	chillāna

schweigen (vi)	चुप रहना	chup rahana
schwimmen (vi)	तैरना	tairana
schwimmen gehen	तैरना	tairana
sehen (vi, vt)	देखना	dekhana

sein (vi)	होना	hona
sich beeilen	जल्दी करना	jaldī karana
sich entschuldigen	माफ़ी मांगना	māfī māngana

sich interessieren	रुचि लेना	ruchi lena
sich irren	गलती करना	galatī karana
sich setzen	बैठना	baithana
sich weigern	इन्कार करना	inkār karana
spielen (vi, vt)	खेलना	khelana

sprechen (vi)	बोलना	bolana
staunen (vi)	हैरान होना	hairān hona
stehlen (vt)	चुराना	churāna
stoppen (vt)	रुकना	rukana
suchen (vt)	तलाश करना	talāsh karana

11. Die wichtigsten Verben. Teil 4

täuschen (vt)	धोखा देना	dhokha dena
teilnehmen (vi)	भाग लेना	bhāg lena
übersetzen (Buch usw.)	अनुवाद करना	anuvād karana
unterschätzen (vt)	कम मूल्यांकन करना	kam mūlyānkan karana
unterschreiben (vt)	हस्ताक्षर करना	hastākshar karana

vereinigen (vt)	संयुक्त करना	sanyukt karana
vergessen (vt)	भूलना	bhūlana
vergleichen (vt)	तुलना करना	tulana karana
verkaufen (vt)	बेचना	bechana
verlangen (vt)	माँगना	māngana

versäumen (vt)	ग़ैर-हाज़िर होना	gair-hāzir hona
versprechen (vt)	वचन देना	vachan dena
verstecken (vt)	छिपाना	chhipāna
verstehen (vt)	समझना	samajhana
versuchen (vt)	कोशिश करना	koshish karana

verteidigen (vt)	रक्षा करना	raksha karana
vertrauen (vi)	यकीन करना	yakīn karana
verwechseln (vt)	गड़बड़ा जाना	garabara jāna
verzeihen (vt)	क्षमा करना	kshama karana
voraussehen (vt)	उम्मीद करना	ummīd karana
vorschlagen (vt)	प्रस्ताव रखना	prastāv rakhana

vorziehen (vt)	तरजीह देना	tarajīh dena
wählen (vt)	चुनना	chunana
warnen (vt)	चेतावनी देना	chetāvanī dena
warten (vi)	इंतज़ार करना	intazār karana
weinen (vi)	रोना	rona

wissen (vt)	मालूम होना	mālūm hona
Witz machen	मज़ाक करना	mazāk karana
wollen (vt)	चाहना	chāhana
zahlen (vt)	दाम चुकाना	dām chukāna
zeigen (jemandem etwas)	दिखाना	dikhāna

zu Abend essen	रात्रिभोज करना	rātribhoj karana
zu Mittag essen	दोपहर का भोजन करना	dopahar ka bhojan karana
zubereiten (vt)	खाना बनाना	khāna banāna
zustimmen (vi)	राज़ी होना	rāzī hona
zweifeln (vi)	शक करना	shak karana

12. Farben

Farbe (f)	रंग (m)	rang
Schattierung (f)	रंग (m)	rang
Farbton (m)	रंग (m)	rang
Regenbogen (m)	इन्द्रधनुष (f)	indradhanush

weiß	सफ़ेद	safed
schwarz	काला	kāla
grau	धूसर	dhūsar

grün	हरा	hara
gelb	पीला	pīla
rot	लाल	lāl

blau	नीला	nīla
hellblau	हल्का नीला	halka nīla
rosa	गुलाबी	gulābī
orange	नारंगी	nārangī
violett	बैंगनी	bainganī
braun	भूरा	bhūra

| golden | सुनहरा | sunahara |
| silbrig | चांदी-जैसा | chāndī-jaisa |

beige	हल्का भूरा	halka bhūra
cremefarben	क्रीम	krīm
türkis	फ़िरोज़ी	firozī
kirschrot	चेरी जैसा लाल	cherī jaisa lāl
lila	हल्का बैंगनी	halka bainganī
himbeerrot	गहरा लाल	gahara lāl

hell	हल्का	halka
dunkel	गहरा	gahara
grell	चमकीला	chamakīla
Farb- (z.B. -stifte)	रंगीन	rangīn

Farb- (z.B. -film)	रंगीन	rangīn
schwarz-weiß	काला-सफ़ेद	kāla-safed
einfarbig	एक रंग का	ek rang ka
bunt	बहुरंगी	bahurangī

13. Fragen

Wer?	कौन?	kaun?
Was?	क्या?	kya?
Wo?	कहाँ?	kahān?
Wohin?	किधर?	kidhar?
Woher?	कहाँ से?	kahān se?
Wann?	कब?	kab?
Wozu?	क्यों?	kyon?
Warum?	क्यों?	kyon?
Wofür?	किस लिये?	kis liye?
Wie?	कैसे?	kaise?
Welcher?	कौन-सा?	kaun-sa?
Wem?	किसको?	kisako?
Über wen?	किसके बारे में?	kisake bāre men?
Wovon? (~ sprichst du?)	किसके बारे में?	kisake bāre men?
Mit wem?	किसके?	kisake?
Wie viel? Wie viele?	कितना?	kitana?
Wessen?	किसका?	kisaka?

14. Funktionswörter. Adverbien. Teil 1

Wo?	कहाँ?	kahān?
hier	यहाँ	yahān
dort	वहां	vahān
irgendwo	कहीं	kahīn
nirgends	कहीं नहीं	kahīn nahin
an (bei)	के पास	ke pās
am Fenster	खिड़की के पास	khirakī ke pās
Wohin?	किधर?	kidhar?
hierher	इधर	idhar
dahin	उधर	udhar
von hier	यहां से	yahān se
von da	वहां से	vahān se
nah (Adv)	पास	pās
weit, fern (Adv)	दूर	dūr
in der Nähe von …	निकट	nikat
in der Nähe	पास	pās
unweit (~ unseres Hotels)	दूर नहीं	dūr nahin

link (Adj)	बायाँ	bāyān
links (Adv)	बायीं तरफ़	bāyīn taraf
nach links	बायीं तरफ़	bāyīn taraf
recht (Adj)	दायां	dāyān
rechts (Adv)	दायीं तरफ़	dāyīn taraf
nach rechts	दायीं तरफ़	dāyīn taraf
vorne (Adv)	सामने	sāmane
Vorder-	सामने का	sāmane ka
vorwärts	आगे	āge
hinten (Adv)	पीछे	pīchhe
von hinten	पीछे से	pīchhe se
rückwärts (Adv)	पीछे	pīchhe
Mitte (f)	बीच (m)	bīch
in der Mitte	बीच में	bīch men
seitlich (Adv)	कोने में	kone men
überall (Adv)	सभी	sabhī
ringsherum (Adv)	आस-पास	ās-pās
von innen (Adv)	अंदर से	andar se
irgendwohin (Adv)	कहीं	kahīn
geradeaus (Adv)	सीधे	sīdhe
zurück (Adv)	वापस	vāpas
irgendwoher (Adv)	कहीं से भी	kahīn se bhī
von irgendwo (Adv)	कहीं से	kahīn se
erstens	पहले	pahale
zweitens	दूसरा	dūsara
drittens	तीसरा	tīsara
plötzlich (Adv)	अचानक	achānak
zuerst (Adv)	शुरू में	shurū men
zum ersten Mal	पहली बार	pahalī bār
lange vor…	बहुत समय पहले …	bahut samay pahale …
von Anfang an	नई शुरुआत	naī shurūāt
für immer	हमेशा के लिए	hamesha ke lie
nie (Adv)	कभी नहीं	kabhī nahin
wieder (Adv)	फिर से	fir se
jetzt (Adv)	अब	ab
oft (Adv)	अकसर	akasar
damals (Adv)	तब	tab
dringend (Adv)	तत्काल	tatkāl
gewöhnlich (Adv)	आमतौर पर	āmataur par
übrigens, …	प्रसंगवश	prasangavash
möglicherweise (Adv)	मुमकिन	mumakin
wahrscheinlich (Adv)	संभव	sambhav
vielleicht (Adv)	शायद	shāyad
außerdem …	इस के अलावा	is ke alāva
deshalb …	इस लिए	is lie

| trotz ... | फिर भी ... | fir bhī ... |
| dank ... | ... की मेहरबानी से | ... kī meharabānī se |

was (~ ist denn?)	क्या	kya
das (~ ist alles)	कि	ki
etwas	कुछ	kuchh
irgendwas	कुछ भी	kuchh bhī
nichts	कुछ नहीं	kuchh nahin

wer (~ ist ~?)	कौन	kaun
jemand	कोई	koī
irgendwer	कोई	koī

niemand	कोई नहीं	koī nahin
nirgends	कहीं नहीं	kahīn nahin
niemandes (~ Eigentum)	किसी का नहीं	kisī ka nahin
jemandes	किसी का	kisī ka

so (derart)	कितना	kitana
auch	भी	bhī
ebenfalls	भी	bhī

15. Funktionswörter. Adverbien. Teil 2

Warum?	क्यों?	kyon?
aus irgendeinem Grund	किसी कारणवश	kisī kāranavash
weil ...	क्यों कि ...	kyon ki ...
zu irgendeinem Zweck	किसी वजह से	kisī vajah se

und	और	aur
oder	या	ya
aber	लेकिन	lekin
für (präp)	के लिए	ke lie

zu (~ viele)	ज़्यादा	zyāda
nur (~ einmal)	सिर्फ़	sirf
genau (Adv)	ठीक	thīk
etwa	करीब	karīb

ungefähr (Adv)	लगभग	lagabhag
ungefähr (Adj)	अनुमानित	anumānit
fast	करीब	karīb
Übrige (n)	बाक़ी	bāqī

jeder (~ Mann)	हर एक	har ek
beliebig (Adj)	कोई	koī
viel	बहुत	bahut
viele Menschen	बहुत लोग	bahut log
alle (wir ~)	सभी	sabhī

im Austausch gegen ...	... के बदले में	... ke badale men
dafür (Adv)	की जगह	kī jagah
mit der Hand (Hand-)	हाथ से	hāth se
schwerlich (Adv)	शायद ही	shāyad hī

wahrscheinlich (Adv)	शायद	shāyad
absichtlich (Adv)	जानबूझकर	jānabūjhakar
zufällig (Adv)	संयोगवश	sanyogavash
sehr (Adv)	बहुत	bahut
zum Beispiel	उदाहरण के लिए	udāharan ke lie
zwischen	के बीच	ke bīch
unter (Wir sind ~ Mördern)	में	men
so viele (~ Ideen)	इतना	itana
besonders (Adv)	ख़ासतौर पर	khāsataur par

Grundbegriffe. Teil 2

16. Wochentage

Montag (m)	सोमवार (m)	somavār
Dienstag (m)	मंगलवार (m)	mangalavār
Mittwoch (m)	बुधवार (m)	budhavār
Donnerstag (m)	गुरूवार (m)	gurūvār
Freitag (m)	शुक्रवार (m)	shukravār
Samstag (m)	शनिवार (m)	shanivār
Sonntag (m)	रविवार (m)	ravivār

heute	आज	āj
morgen	कल	kal
übermorgen	परसों	parason
gestern	कल	kal
vorgestern	परसों	parason

Tag (m)	दिन (m)	din
Arbeitstag (m)	कार्यदिवस (m)	kāryadivas
Feiertag (m)	सार्वजनिक छुट्टी (f)	sārvajanik chhuttī
freier Tag (m)	छुट्टी का दिन (m)	chhuttī ka din
Wochenende (n)	सप्ताहांत (m)	saptāhānt

den ganzen Tag	सारा दिन	sāra din
am nächsten Tag	अगला दिन	agala din
zwei Tage vorher	दो दिन पहले	do din pahale
am Vortag	एक दिन पहले	ek din pahale
täglich (Adj)	दैनिक	dainik
täglich (Adv)	हर दिन	har din

Woche (f)	हफ़ता (f)	hafata
letzte Woche	पिछले हफ़ते	pichhale hafate
nächste Woche	अगले हफ़ते	agale hafate
wöchentlich (Adj)	साप्ताहिक	saptāhik
wöchentlich (Adv)	हर हफ़ते	har hafate
zweimal pro Woche	हफ़ते में दो बार	hafate men do bār
jeden Dienstag	हर मंगलवार को	har mangalavār ko

17. Stunden. Tag und Nacht

Morgen (m)	सुबह (m)	subah
morgens	सुबह में	subah men
Mittag (m)	दोपहर (m)	dopahar
nachmittags	दोपहर में	dopahar men

Abend (m)	शाम (m)	shām
abends	शाम में	shām men

Nacht (f)	रात (f)	rāt
nachts	रात में	rāt men
Mitternacht (f)	आधी रात (f)	ādhī rāt

Sekunde (f)	सेकन्ड (m)	sekand
Minute (f)	मिनट (m)	minat
Stunde (f)	घंटा (m)	ghanta
eine halbe Stunde	आधा घंटा	ādha ghanta
Viertelstunde (f)	सवा	sava
fünfzehn Minuten	पंद्रह मीनट	pandrah mīnat
Tag und Nacht	24 घंटे (m)	chaubīs ghante

Sonnenaufgang (m)	सूर्योदय (m)	sūryoday
Morgendämmerung (f)	सूर्योदय (m)	sūryoday
früher Morgen (m)	प्रातःकाल (m)	prātahkāl
Sonnenuntergang (m)	सूर्यास्त (m)	sūryāst

früh am Morgen	सुबह-सवेरे	subah-savere
heute Morgen	इस सुबह	is subah
morgen früh	कल सुबह	kal subah

heute Mittag	आज शाम	āj shām
nachmittags	दोपहर में	dopahar men
morgen Nachmittag	कल दोपहर	kal dopahar

| heute Abend | आज शाम | āj shām |
| morgen Abend | कल रात | kal rāt |

Punkt drei Uhr	ठीक तीन बजे में	thīk tīn baje men
gegen vier Uhr	लगभग चार बजे	lagabhag chār baje
um zwölf Uhr	बारह बजे तक	bārah baje tak

in zwanzig Minuten	बीस मीनट में	bīs mīnat men
in einer Stunde	एक घंटे में	ek ghante men
rechtzeitig (Adv)	ठीक समय पर	thīk samay par

Viertel vor …	पौने … बजे	paune … baje
innerhalb einer Stunde	एक घंटे के अंदर	ek ghante ke andar
alle fünfzehn Minuten	हर पंद्रह मीनट	har pandrah mīnat
Tag und Nacht	दिन-रात (m pl)	din-rāt

18. Monate. Jahreszeiten

Januar (m)	जनवरी (m)	janavarī
Februar (m)	फ़रवरी (m)	faravarī
März (m)	मार्च (m)	mārch
April (m)	अप्रैल (m)	aprail
Mai (m)	माई (m)	maī
Juni (m)	जून (m)	jūn

Juli (m)	जुलाई (m)	julaī
August (m)	अगस्त (m)	agast
September (m)	सितम्बर (m)	sitambar
Oktober (m)	अक्तूबर (m)	aktūbar

| November (m) | नवम्बर (m) | navambar |
| Dezember (m) | दिसम्बर (m) | disambar |

Frühling (m)	वसन्त (m)	vasant
im Frühling	वसन्त में	vasant men
Frühlings-	वसन्त	vasant

Sommer (m)	गरमी (f)	garamī
im Sommer	गरमियों में	garamiyon men
Sommer-	गरमी	garamī

Herbst (m)	शरद (m)	sharad
im Herbst	शरद में	sharad men
Herbst-	शरद	sharad

Winter (m)	सर्दी (f)	sardī
im Winter	सर्दियों में	sardiyon men
Winter-	सर्दी	sardī

Monat (m)	महीना (m)	mahīna
in diesem Monat	इस महीने	is mahīne
nächsten Monat	अगले महीने	agale mahīne
letzten Monat	पिछले महीने	pichhale mahīne
vor einem Monat	एक महीने पहले	ek mahīne pahale
über eine Monat	एक महीने में	ek mahīne men
in zwei Monaten	दो महीने में	do mahīne men
den ganzen Monat	पूरे महीने	pūre mahīne

monatlich (Adj)	मासिक	māsik
monatlich (Adv)	हर महीने	har mahīne
jeden Monat	हर महीने	har mahīne
zweimal pro Monat	महीने में दो बार	mahine men do bār

Jahr (n)	वर्ष (m)	varsh
dieses Jahr	इस साल	is sāl
nächstes Jahr	अगले साल	agale sāl
voriges Jahr	पिछले साल	pichhale sāl

vor einem Jahr	एक साल पहले	ek sāl pahale
in einem Jahr	एक साल में	ek sāl men
in zwei Jahren	दो साल में	do sāl men
das ganze Jahr	पूरा साल	pūra sāl

jedes Jahr	हर साल	har sāl
jährlich (Adj)	वार्षिक	vārshik
jährlich (Adv)	वार्षिक	vārshik
viermal pro Jahr	साल में चार बार	sāl men chār bār

Datum (heutige ~)	तारीख़ (f)	tārīkh
Datum (Geburts-)	तारीख़ (f)	tārīkh
Kalender (m)	कैलेन्डर (m)	kailendar

ein halbes Jahr	आधे वर्ष (m)	ādhe varsh
Halbjahr (n)	छमाही (f)	chhamāhī
Saison (f)	मौसम (m)	mausam
Jahrhundert (n)	शताब्दी (f)	shatābadī

19. Zeit. Verschiedenes

Zeit (f)	वक्त (m)	vakt
Augenblick (m)	क्षण (m)	kshan
Moment (m)	क्षण (m)	kshan
augenblicklich (Adj)	तुरंत	turant
Zeitspanne (f)	बीता (m)	bīta
Leben (n)	जीवन (m)	jīvan
Ewigkeit (f)	शाश्वतता (f)	shāshvatata
Epoche (f)	युग (f)	yug
Ära (f)	सम्वत् (f)	samvat
Zyklus (m)	काल (m)	kāl
Periode (f)	काल (m)	kāl
Frist (äußerste ~)	समय (m)	samay
Zukunft (f)	भविष्य (m)	bhavishy
zukünftig (Adj)	आगामी	āgāmī
nächstes Mal	अगली बार	agalī bār
Vergangenheit (f)	भूतकाल (m)	bhūtakāl
vorig (Adj)	पिछला	pichhala
letztes Mal	पिछली बार	pichhalī bār
später (Adv)	बाद में	bād men
danach	के बाद	ke bād
zur Zeit	आजकाल	ājakāl
jetzt	अभी	abhī
sofort	तुरंत	turant
bald	थोड़ी ही देर में	thorī hī der men
im Voraus	पहले से	pahale se
lange her	बहुत समय पहले	bahut samay pahale
vor kurzem	हाल ही में	hāl hī men
Schicksal (n)	भाग्य (f)	bhāgy
Erinnerungen (pl)	यादगार (f)	yādagār
Archiv (n)	पुरालेखागार (m)	purālekhāgār
während ...	... के दौरान	... ke daurān
lange (Adv)	ज़्यादा समय	zyāda samay
nicht lange (Adv)	ज़्यादा समय नहीं	zyāda samay nahin
früh (~ am Morgen)	जल्दी	jaldī
spät (Adv)	देर	der
für immer	सदा के लिए	sada ke lie
beginnen (vt)	शुरू करना	shurū karana
verschieben (vt)	स्थगित करना	sthagit karana
gleichzeitig	एक ही समय पर	ek hī samay par
ständig (Adv)	स्थायी रूप से	sthāyī rūp se
konstant (Adj)	लगातार	lagātār
zeitweilig (Adj)	अस्थायी रूप से	asthāyī rūp se
manchmal	कभी-कभी	kabhī-kabhī
selten (Adv)	शायद ही	shāyad hī
oft	अक्सर	aksar

20. Gegenteile

| reich (Adj) | अमीर | amīr |
| arm (Adj) | ग़रीब | garīb |

| krank (Adj) | बीमार | bīmār |
| gesund (Adj) | तंदरूस्त | tandarūst |

| groß (Adj) | बड़ा | bara |
| klein (Adj) | छोटा | chhota |

| schnell (Adv) | जल्दी से | jaldī se |
| langsam (Adv) | धीरे | dhīre |

| schnell (Adj) | तेज़ | tez |
| langsam (Adj) | धीमा | dhīma |

| froh (Adj) | हँसमुख | hansamukh |
| traurig (Adj) | उदास | udās |

| zusammen | साथ-साथ | sāth-sāth |
| getrennt (Adv) | अलग-अलग | alag-alag |

| laut (~ lesen) | बोलकर | bolakar |
| still (~ lesen) | मन ही मन | man hī man |

| hoch (Adj) | लंबा | lamba |
| niedrig (Adj) | नीचा | nīcha |

| tief (Adj) | गहरा | gahara |
| flach (Adj) | छिछला | chhichhala |

| ja | हाँ | hān |
| nein | नहीं | nahin |

| fern (Adj) | दूर | dūr |
| nah (Adj) | निकट | nikat |

| weit (Adv) | दूर | dūr |
| nebenan (Adv) | पास | pās |

| lang (Adj) | लंबा | lamba |
| kurz (Adj) | छोटा | chhota |

| gut (gütig) | नेक | nek |
| böse (der ~ Geist) | दुष्ट | dusht |

| verheiratet (Ehemann) | शादीशुदा | shādīshuda |
| ledig (Adj) | अविवाहित | avivāhit |

| verbieten (vt) | प्रतिबंधित करना | pratibandhit karana |
| erlauben (vt) | अनुमति देना | anumati dena |

| Ende (n) | अंत (m) | ant |
| Anfang (m) | शुरू (m) | shurū |

| link (Adj) | बायाँ | bāyān |
| recht (Adj) | दायां | dāyān |

| der erste | पहला | pahala |
| der letzte | आखिरी | ākhirī |

| Verbrechen (n) | जुर्म (m) | jurm |
| Bestrafung (f) | सज़ा (f) | saza |

| befehlen (vt) | हुक्म देना | hukm dena |
| gehorchen (vi) | मानना | mānana |

| gerade (Adj) | सीधा | sīdha |
| krumm (Adj) | टेढ़ा | terha |

| Paradies (n) | जन्नत (m) | jannat |
| Hölle (f) | नरक (m) | narak |

| geboren sein | जन्म होना | janm hona |
| sterben (vi) | मरना | marana |

| stark (Adj) | शक्तिशाली | shaktishālī |
| schwach (Adj) | कमज़ोर | kamazor |

| alt | बूढ़ा | būrha |
| jung (Adj) | जवान | javān |

| alt (Adj) | पुराना | purāna |
| neu (Adj) | नया | naya |

| hart (Adj) | कठोर | kathor |
| weich (Adj) | नरम | naram |

| warm (Adj) | गरम | garam |
| kalt (Adj) | ठंडा | thanda |

| dick (Adj) | मोटा | mota |
| mager (Adj) | दुबला | dubala |

| eng (Adj) | तंग | tang |
| breit (Adj) | चौड़ा | chaura |

| gut (Adj) | अच्छा | achchha |
| schlecht (Adj) | बुरा | bura |

| tapfer (Adj) | बहादुर | bahādur |
| feige (Adj) | कायर | kāyar |

21. Linien und Formen

Quadrat (n)	चतुष्कोण (m)	chatushkon
quadratisch	चौकोना	chaukona
Kreis (m)	घेरा (m)	ghera
rund	गोलाकार	golākār

| Dreieck (n) | त्रिकोण (m) | trikon |
| dreieckig | त्रिकोना | trikona |

Oval (n)	ओवल (m)	oval
oval	ओवल	oval
Rechteck (n)	आयत (m)	āyat
rechteckig	आयताकार	āyatākār

Pyramide (f)	शुंडाकार स्तंभ (m)	shundākār stambh
Rhombus (m)	रोम्बस (m)	rombas
Trapez (n)	विषम चतुर्भुज (m)	visham chaturbhuj
Würfel (m)	घनक्षेत्र (m)	ghanakshetr
Prisma (n)	क्रकच आयत (m)	krakach āyat

Kreis (m)	परिधि (f)	paridhi
Sphäre (f)	गोला (m)	gola
Kugel (f)	गोला (m)	gola
Durchmesser (m)	व्यास (m)	vyās
Radius (m)	व्यासार्ध (m)	vyāsārdh
Umfang (m)	परिणिति (f)	pariniti
Zentrum (n)	केन्द्र (m)	kendr

waagerecht (Adj)	क्षैतिज	kshaitij
senkrecht (Adj)	ऊर्ध्व	ūrdhv
Parallele (f)	समांतर-रेखा (f)	samāntar-rekha
parallel (Adj)	समानान्तर	samānāntar

Linie (f)	रेखा (f)	rekha
Strich (m)	लकीर (f)	lakīr
Gerade (f)	सीधी रेखा (f)	sīdhī rekha
Kurve (f)	टेढ़ी रेखा (f)	terhī rekha
dünn (schmal)	पतली	patalī
Kontur (f)	परिरेखा (f)	parirekha

Schnittpunkt (m)	प्रतिच्छेदन (f)	pratichchhedan
rechter Winkel (m)	समकोण (m)	samakon
Segment (n)	खंड (m)	khand
Sektor (m)	क्षेत्र (m)	kshetr
Seite (f)	साइड (m)	said
Winkel (m)	कोण (m)	kon

22. Maßeinheiten

Gewicht (n)	वज़न (m)	vazan
Länge (f)	लम्बाई (f)	lambaī
Breite (f)	चौड़ाई (f)	chauraī
Höhe (f)	ऊंचाई (f)	ūnchaī
Tiefe (f)	गहराई (f)	gaharaī
Volumen (n)	घनत्व (f)	ghanatv
Fläche (f)	क्षेत्रफल (m)	kshetrafal

Gramm (n)	ग्राम (m)	grām
Milligramm (n)	मिलीग्राम (m)	milīgrām
Kilo (n)	किलोग्राम (m)	kilogrām

Tonne (f)	टन (m)	tan
Pfund (n)	पौण्ड (m)	paund
Unze (f)	औन्स (m)	auns

Meter (m)	मीटर (m)	mītar
Millimeter (m)	मिलीमीटर (m)	milīmītar
Zentimeter (m)	सेंटीमीटर (m)	sentīmītar
Kilometer (m)	किलोमीटर (m)	kilomītar
Meile (f)	मील (m)	mīl

Zoll (m)	इंच (m)	inch
Fuß (m)	फुट (m)	fut
Yard (n)	गज (m)	gaj

| Quadratmeter (m) | वर्ग मीटर (m) | varg mītar |
| Hektar (n) | हेक्टेयर (m) | hekteyar |

Liter (m)	लीटर (m)	līttar
Grad (m)	डिग्री (m)	digrī
Volt (n)	वोल्ट (m)	volt
Ampere (n)	ऐम्पेयर (m)	aimpeyar
Pferdestärke (f)	अश्व शक्ति (f)	ashv shakti

Anzahl (f)	मात्रा (f)	mātra
etwas …	कुछ …	kuchh …
Hälfte (f)	आधा (m)	ādha
Dutzend (n)	दर्जन (m)	darjan
Stück (n)	टुकड़ा (m)	tukara

| Größe (f) | माप (m) | māp |
| Maßstab (m) | पैमाना (m) | paimāna |

minimal (Adj)	न्यूनतम	nyūnatam
der kleinste	सब से छोटा	sab se chhota
mittler, mittel-	मध्य	madhy
maximal (Adj)	अधिकतम	adhikatam
der größte	सबसे बड़ा	sabase bara

23. Behälter

Glas (Einmachglas)	शीशी (f)	shīshī
Dose (z.B. Bierdose)	डिब्बा (m)	dibba
Eimer (m)	बाल्टी (f)	bāltī
Fass (n), Tonne (f)	पीपा (m)	pīpa

Waschschüssel (n)	चिलमची (f)	chilamachī
Tank (m)	कुण्ड (m)	kund
Flachmann (m)	फ्लास्क (m)	flāsk
Kanister (m)	जेरिकैन (m)	jerikain
Zisterne (f)	टंकी (f)	tankī

Kaffeebecher (m)	मग (m)	mag
Tasse (f)	प्याली (f)	pyālī
Untertasse (f)	सॉसर (m)	sosar

Wasserglas (n)	गिलास (m)	gilās
Weinglas (n)	वाइन गिलास (m)	vain gilās
Kochtopf (m)	सॉसपैन (m)	sosapain

| Flasche (f) | बोतल (f) | botal |
| Flaschenhals (m) | गला (m) | gala |

Karaffe (f)	जग (m)	jag
Tonkrug (m)	सुराही (f)	surāhī
Gefäß (n)	बरतन (m)	baratan
Tontopf (m)	घड़ा (m)	ghara
Vase (f)	फूलदान (m)	fūladān

Flakon (n)	शीशी (f)	shīshī
Fläschchen (n)	शीशी (f)	shīshī
Tube (z.B. Zahnpasta)	ट्यूब (m)	tyūb

Sack (~ Kartoffeln)	थैला (m)	thaila
Tüte (z.B. Plastiktüte)	थैली (f)	thailī
Schachtel (f) (z.B. Zigaretten~)	पैकेट (f)	paiket

Karton (z.B. Schuhkarton)	डिब्बा (m)	dibba
Kiste (z.B. Bananenkiste)	डिब्बा (m)	dibba
Korb (m)	टोकरी (f)	tokarī

24. Werkstoffe

Stoff (z.B. Baustoffe)	सामग्री (f)	sāmagrī
Holz (n)	लकड़ी (f)	lakarī
hölzern	लकड़ी का बना	lakarī ka bana

| Glas (n) | कांच (f) | kānch |
| gläsern, Glas- | कांच का | kānch ka |

| Stein (m) | पत्थर (m) | patthar |
| steinern | पत्थर का | patthar ka |

| Kunststoff (m) | प्लास्टिक (m) | plāstik |
| Kunststoff- | प्लास्टिक का | plāstik ka |

| Gummi (n) | रबड़ (f) | rabar |
| Gummi- | रबड़ का | rabar ka |

| Stoff (m) | कपड़ा (m) | kapara |
| aus Stoff | कपड़े का | kapare ka |

| Papier (n) | काग़ज़ (m) | kāgaz |
| Papier- | काग़ज़ का | kāgaz ka |

Pappe (f)	दफ़्ती (f)	dafatī
Pappen-	दफ़्ती का	dafatī ka
Polyäthylen (n)	पॉलीएथीलीन (m)	polīethīlīn
Zellophan (n)	सेल्लोफ़ेन (m)	sellofen

Furnier (n)	प्लाईवुड (m)	plaīvud
Porzellan (n)	चीनी मिट्टी (f)	chīnī mittī
aus Porzellan	चीनी मिट्टी का	chīnī mittī ka
Ton (m)	मिट्टी (f)	mittī
Ton-	मिट्टी का	mittī ka
Keramik (f)	चीनी मिट्टी (f)	chīnī mittī
keramisch	चीनी मिट्टी का	chīnī mittī ka

25. Metalle

Metall (n)	धातु (m)	dhātu
metallisch, Metall-	धात्वीय	dhātvīy
Legierung (f)	मिश्रधातु (m)	mishradhātu
Gold (n)	सोना (m)	sona
golden	सोना	sona
Silber (n)	चाँदी (f)	chāndī
silbern, Silber-	चाँदी का	chāndī ka
Eisen (n)	लोहा (m)	loha
eisern, Eisen-	लोहे का बना	lohe ka bana
Stahl (m)	इस्पात (f)	ispāt
stählern	इस्पात का	ispāt ka
Kupfer (n)	ताँबा (f)	tānba
kupfern, Kupfer-	ताँबे का	tānbe ka
Aluminium (n)	अल्युमीनियम (m)	alyumīniyam
Aluminium-	अलुमीनियम का बना	alumīniyam ka bana
Bronze (f)	काँसा (f)	kānsa
bronzen	काँसे का	kānse ka
Messing (n)	पीतल (f)	pītal
Nickel (n)	निकल (m)	nikal
Platin (n)	प्लैटिनम (m)	plaitinam
Quecksilber (n)	पारा (f)	pāra
Zinn (n)	टिन (m)	tin
Blei (n)	सीसा (f)	sīsa
Zink (n)	जस्ता (m)	jasta

DER MENSCH

Der Mensch. Körper

26. Menschen. Grundbegriffe

Mensch (m)	मुनष्य (m)	munashy
Mann (m)	आदमी (m)	ādamī
Frau (f)	औरत (f)	aurat
Kind (n)	बच्चा (m)	bachcha
Mädchen (n)	लड़की (f)	larakī
Junge (m)	लड़का (m)	laraka
Teenager (m)	किशोर (m)	kishor
Greis (m)	बूढ़ा (m)	būrha
alte Frau (f)	बूढ़िया (f)	būrhiya

27. Anatomie des Menschen

Organismus (m)	शरीर (m)	sharīr
Herz (n)	दिल (m)	dil
Blut (n)	खून (f)	khūn
Arterie (f)	धमनी (f)	dhamanī
Vene (f)	नस (f)	nas
Gehirn (n)	मास्तिष्क (m)	māstishk
Nerv (m)	नस (f)	nas
Nerven (pl)	नसें (f)	nasen
Wirbel (m)	कशेरुका (m)	kasheruka
Wirbelsäule (f)	रीढ़ की हड्डी	rīrh kī haddī
Magen (m)	पेट (m)	pet
Gedärm (n)	आँतें (f)	ānten
Darm (z.B. Dickdarm)	आँत (f)	ānt
Leber (f)	जिगर (f)	jigar
Niere (f)	गुर्दा (f)	gurda
Knochen (m)	हड्डी (f)	haddī
Skelett (n)	कंकाल (m)	kankāl
Rippe (f)	पसली (f)	pasalī
Schädel (m)	खोपड़ी (f)	khoparī
Muskel (m)	मांसपेशी (f)	mānsapeshī
Bizeps (m)	बाइसेप्स (m)	baiseps
Trizeps (m)	ट्राईसेप्स (m)	traīseps
Sehne (f)	कंडरा (m)	kandara
Gelenk (n)	जोड़ (m)	jor

Lungen (pl)	फेफड़े (m pl)	fefare
Geschlechtsorgane (pl)	गुसांग (m)	guptāng
Haut (f)	त्वचा (f)	tvacha

28. Kopf

Kopf (m)	सिर (m)	sir
Gesicht (n)	चेहरा (m)	chehara
Nase (f)	नाक (f)	nāk
Mund (m)	मुँह (m)	munh

Auge (n)	आँख (f)	ānkh
Augen (pl)	आँखें (f)	ānkhen
Pupille (f)	आँख की पुतली (f)	ānkh kī putalī
Augenbraue (f)	भौंह (f)	bhaunh
Wimper (f)	बरौनी (f)	baraunī
Augenlid (n)	पलक (m)	palak

Zunge (f)	जीभ (m)	jībh
Zahn (m)	दाँत (f)	dānt
Lippen (pl)	होंठ (m)	honth
Backenknochen (pl)	गाल की हड्डी (f)	gāl kī haddī
Zahnfleisch (n)	मसूड़ा (m)	masūra
Gaumen (m)	तालु (m)	tālu

Nasenlöcher (pl)	नथने (m pl)	nathane
Kinn (n)	ठोड़ी (f)	thorī
Kiefer (m)	जबड़ा (m)	jabara
Wange (f)	गाल (m)	gāl

Stirn (f)	माथा (m)	mātha
Schläfe (f)	कनपट्टी (f)	kanapattī
Ohr (n)	कान (m)	kān
Nacken (m)	सिर का पिछला हिस्सा (m)	sir ka pichhala hissa
Hals (m)	गरदन (m)	garadan
Kehle (f)	गला (m)	gala

Haare (pl)	बाल (m pl)	bāl
Frisur (f)	हेयरस्टाइल (m)	heyarastail
Haarschnitt (m)	हेयरकट (m)	heyarakat
Perücke (f)	नकली बाल (m)	nakalī bāl

Schnurrbart (m)	मूँछें (f pl)	mūnchhen
Bart (m)	दाढ़ी (f)	dārhī
haben (einen Bart ~)	होना	hona
Zopf (m)	चोटी (f)	chotī
Backenbart (m)	गलमुच्छा (m)	galamuchchha

rothaarig	लाल बाल	lāl bāl
grau	सफ़ेद बाल	safed bāl
kahl	गंजा	ganja
Glatze (f)	गंजाई (f)	ganjaī
Pferdeschwanz (m)	पोनी-टेल (f)	ponī-tel
Pony (Ponyfrisur)	बेंग (m)	beng

29. Menschlicher Körper

Hand (f)	हाथ (m)	hāth
Arm (m)	बाँह (m)	bānh
Finger (m)	उँगली (m)	ungalī
Daumen (m)	अँगूठा (m)	angūtha
kleiner Finger (m)	छोटी उंगली (f)	chhotī ungalī
Nagel (m)	नाखून (m)	nākhūn
Faust (f)	मुट्ठी (m)	mutthī
Handfläche (f)	हथेली (f)	hathelī
Handgelenk (n)	कलाई (f)	kalaī
Unterarm (m)	प्रकोष्ठ (m)	prakoshth
Ellbogen (m)	कोहनी (f)	kohanī
Schulter (f)	कंधा (m)	kandha
Bein (n)	टाँग (f)	tāng
Fuß (m)	पैर का तलवा (m)	pair ka talava
Knie (n)	घुटना (m)	ghutana
Wade (f)	पिंडली (f)	pindalī
Hüfte (f)	जाँघ (f)	jāngh
Ferse (f)	एड़ी (f)	erī
Körper (m)	शरीर (m)	sharīr
Bauch (m)	पेट (m)	pet
Brust (f)	सीना (m)	sīna
Busen (m)	स्तन (f)	stan
Seite (f), Flanke (f)	कूल्हा (m)	kūlha
Rücken (m)	पीठ (f)	pīth
Kreuz (n)	पीठ का निचला हिस्सा (m)	pīth ka nichala hissa
Taille (f)	कमर (f)	kamar
Nabel (m)	नाभी (f)	nābhī
Gesäßbacken (pl)	नितंब (m pl)	nitamb
Hinterteil (n)	नितम्ब (m)	nitamb
Leberfleck (m)	सौंदर्य चिन्ह (f)	saundary chinh
Muttermal (n)	जन्म चिह्न (m)	janm chihn
Tätowierung (f)	टैटू (m)	taitū
Narbe (f)	घाव का निशान (m)	ghāv ka nishān

Kleidung & Accessoires

30. Oberbekleidung. Mäntel

Kleidung (f)	कपड़े (m)	kapare
Oberkleidung (f)	बाहरी पोशाक (m)	bāharī poshāk
Winterkleidung (f)	सर्दियों की पोशक (f)	sardiyon kī poshak
Mantel (m)	ओवरकोट (m)	ovarakot
Pelzmantel (m)	फरकोट (m)	farakot
Pelzjacke (f)	फ़र की जैकेट (f)	far kī jaiket
Daunenjacke (f)	फ़ेदर कोट (m)	fedar kot
Jacke (z.B. Lederjacke)	जैकेट (f)	jaiket
Regenmantel (m)	बरसाती (f)	barasātī
wasserdicht	जलरोधक	jalarodhak

31. Herren- & Damenbekleidung

Hemd (n)	कमीज़ (f)	kamīz
Hose (f)	पैंट (m)	paint
Jeans (pl)	जीन्स (m)	jīns
Jackett (n)	कोट (m)	kot
Anzug (m)	सूट (m)	sūt
Damenkleid (n)	फ़्रॉक (f)	frok
Rock (m)	स्कर्ट (f)	skart
Bluse (f)	ब्लाउज़ (f)	blauz
Strickjacke (f)	कार्डिगन (f)	kārdigan
Jacke (Damen Kostüm)	जैकेट (f)	jaiket
T-Shirt (n)	टी-शर्ट (f)	tī-shart
Shorts (pl)	शोर्ट्स (m pl)	shorts
Sportanzug (m)	ट्रैक सूट (m)	traik sūt
Bademantel (m)	बाथ रोब (m)	bāth rob
Schlafanzug (m)	पजामा (m)	pajāma
Sweater (m)	सूटर (m)	sūtar
Pullover (m)	पुलोवर (m)	pulovar
Weste (f)	बण्डी (m)	bandī
Frack (m)	टेल-कोट (m)	tel-kot
Smoking (m)	डिनर-जैकेट (f)	dinar-jaiket
Uniform (f)	वर्दी (f)	vardī
Arbeitskleidung (f)	वर्दी (f)	vardī
Overall (m)	ओवरऑल्स (m)	ovarols
Kittel (z.B. Arztkittel)	कोट (m)	kot

32. Kleidung. Unterwäsche

Unterwäsche (f)	अंगवस्त्र (m)	angavastr
Unterhemd (n)	बनियान (f)	baniyān
Socken (pl)	मोज़े (m pl)	moze
Nachthemd (n)	नाइट गाउन (m)	nait gaun
Büstenhalter (m)	ब्रा (f)	bra
Kniestrümpfe (pl)	घुटनों तक के मोज़े (m)	ghutanon tak ke moze
Strumpfhose (f)	टाइट्स (m pl)	taits
Strümpfe (pl)	स्टॉकिंग (m pl)	stāking
Badeanzug (m)	स्विम सूट (m)	svim süt

33. Kopfbekleidung

Mütze (f)	टोपी (f)	topī
Filzhut (m)	हैट (f)	hait
Baseballkappe (f)	बैस्बॉल कैप (f)	baisbol kaip
Schiebermütze (f)	फ़्लैट कैप (f)	flait kaip
Baskenmütze (f)	बेरेट (m)	beret
Kapuze (f)	हूड (m)	hūd
Panamahut (m)	पनामा हैट (m)	panāma hait
Strickmütze (f)	बुनी हुई टोपी (f)	bunī huī topī
Kopftuch (n)	सिर का स्कार्फ़ (m)	sir ka skārf
Damenhut (m)	महिलाओं की टोपी (f)	mahilaon kī topī
Schutzhelm (m)	हेलमेट (f)	helamet
Feldmütze (f)	पुलिसीया टोपी (f)	pulisīya topī
Helm (z.B. Motorradhelm)	हेलमेट (f)	helamet
Melone (f)	बॉलर हैट (m)	bolar hait
Zylinder (m)	टॉप हैट (m)	top hait

34. Schuhwerk

Schuhe (pl)	पनही (f)	panahī
Stiefeletten (pl)	जूते (m pl)	jūte
Halbschuhe (pl)	जूते (m pl)	jūte
Stiefel (pl)	बूट (m pl)	būt
Hausschuhe (pl)	चप्पल (f pl)	chappal
Tennisschuhe (pl)	टेनिस के जूते (m)	tenis ke jūte
Leinenschuhe (pl)	स्नीकर्स (m)	snīkars
Sandalen (pl)	सैन्डल (f)	saindal
Schuster (m)	मोची (m)	mochī
Absatz (m)	एड़ी (f)	erī
Paar (n)	जोड़ा (m)	jora
Schnürsenkel (m)	जूते का फ़ीता (m)	jūte ka fīta

schnüren (vt)	फ़ीता बाँधना	fīta bāndhana
Schuhlöffel (m)	शू-होर्न (m)	shū-horn
Schuhcreme (f)	बूट-पालिश (m)	būt-pālish

35. Textilien. Stoffe

Baumwolle (f)	कपास (m)	kapās
Baumwolle-	सूती	sūtī
Leinen (m)	फ़्लैक्स (m)	flaiks
Leinen-	फ़्लैक्स का	flaiks ka
Seide (f)	रेशम (f)	resham
Seiden-	रेशमी	reshamī
Wolle (f)	ऊन (m)	ūn
Woll-	ऊनी	ūnī
Samt (m)	मख़मल (m)	makhamal
Wildleder (n)	स्वैड (m)	svaid
Cord (m)	कॉरडरॉय (m)	koradaroy
Nylon (n)	नायलॉन (m)	nāyalon
Nylon-	नायलॉन का	nāyalon ka
Polyester (m)	पॉलिएस्टर (m)	poliestar
Polyester-	पॉलिएस्टर का	poliestar ka
Leder (n)	चमड़ा (m)	chamara
Leder-	चमड़े का	chamare ka
Pelz (m)	फ़र (m)	far
Pelz-	फ़र का	far ka

36. Persönliche Accessoires

Handschuhe (pl)	दस्ताने (m pl)	dastāne
Fausthandschuhe (pl)	दस्ताने (m pl)	dastāne
Schal (Kaschmir-)	मफ़लर (m)	mafalar
Brille (f)	ऐनक (m pl)	ainak
Brillengestell (n)	चश्मे का फ़्रेम (m)	chashme ka frem
Regenschirm (m)	छतरी (f)	chhatarī
Spazierstock (m)	छड़ी (f)	chharī
Haarbürste (f)	ब्रश (m)	brash
Fächer (m)	पंखा (m)	pankha
Krawatte (f)	टाई (f)	taī
Fliege (f)	बो टाई (f)	bo taī
Hosenträger (pl)	पतलून बाँधने का फ़ीता (m)	patalūn bāndhane ka fīta
Taschentuch (n)	रूमाल (m)	rūmāl
Kamm (m)	कंघा (m)	kangha
Haarspange (f)	बालपिन (f)	bālapin
Haarnadel (f)	हेयरक्लीप (f)	heyaraklīp
Schnalle (f)	बकसुआ (m)	bakasua

| Gürtel (m) | बेल्ट (m) | belt |
| Umhängegurt (m) | कंधे का पट्टा (m) | kandhe ka patta |

Tasche (f)	बैग (m)	baig
Handtasche (f)	पर्स (m)	pars
Rucksack (m)	बैकपैक (m)	baikapaik

37. Kleidung. Verschiedenes

Mode (f)	फ़ैशन (m)	faishan
modisch	प्रचलन में	prachalan men
Modedesigner (m)	फ़ैशन डिज़ाइनर (m)	faishan dizainar

Kragen (m)	कॉलर (m)	kolar
Tasche (f)	जेब (m)	jeb
Taschen-	जेब	jeb
Ärmel (m)	आस्तीन (f)	āstīn
Aufhänger (m)	हैंगिंग लूप (f)	hainging lūp
Hosenschlitz (m)	ज़िप (f)	zip

Reißverschluss (m)	ज़िप (f)	zip
Verschluss (m)	हुक (m)	huk
Knopf (m)	बटन (m)	batan
Knopfloch (n)	बटन का काज (m)	batan ka kāj
abgehen (Knopf usw.)	निकल जाना	nikal jāna

nähen (vi, vt)	सीना	sīna
sticken (vt)	काढ़ना	kārhana
Stickerei (f)	कढ़ाई (f)	karhaī
Nadel (f)	सूई (f)	sūī
Faden (m)	धागा (m)	dhāga
Naht (f)	सीवन (m)	sīvan

sich beschmutzen	मैला होना	maila hona
Fleck (m)	धब्बा (m)	dhabba
sich knittern	शिकन पड़ जाना	shikan par jāna
zerreißen (vt)	फट जाना	fat jāna
Motte (f)	कपड़ों के कीड़े (m)	kaparon ke kīre

38. Kosmetikartikel. Kosmetik

Zahnpasta (f)	टूथपेस्ट (m)	tūthapest
Zahnbürste (f)	टूथब्रश (m)	tūthabrash
Zähne putzen	दाँत साफ़ करना	dānt sāf karana

Rasierer (m)	रेज़र (f)	rezar
Rasiercreme (f)	हजामत का क्रीम (m)	hajāmat ka krīm
sich rasieren	शेव करना	shev karana

Seife (f)	साबुन (m)	sābun
Shampoo (n)	शैम्पू (m)	shaimpū
Schere (f)	कैंची (f pl)	kainchī

Nagelfeile (f)	नाख़ून घिसनी (f)	nākhūn ghisanī
Nagelzange (f)	नाख़ून कतरनी (f)	nākhūn kataranī
Pinzette (f)	ट्वीज़र्स (f)	tvīzars

Kosmetik (f)	श्रृंगार-सामग्री (f)	shrrngār-sāmagrī
Gesichtsmaske (f)	चेहरे का लेप (m)	chehare ka lep
Maniküre (f)	मैनीक्योर (m)	mainīkyor
Maniküre machen	मैनीक्योर करवाना	mainīkyor karavāna
Pediküre (f)	पेडिक्यूर (m)	pedikyūr

Kosmetiktasche (f)	श्रृंगार थैली (f)	shrrngār thailī
Puder (m)	पाउडर (m)	paudar
Puderdose (f)	कॉम्पैक्ट पाउडर (m)	kompaikt paudar
Rouge (n)	ब्लशर (m)	blashar

Parfüm (n)	ख़ुशबू (f)	khushabū
Duftwasser (n)	टॉयलेट वॉटर (m)	tāyalet votar
Lotion (f)	लोशन (m)	loshan
Kölnischwasser (n)	कोलोन (m)	kolon

Lidschatten (m)	आई-शैडो (m)	āī-shaido
Kajalstift (m)	आई-पेंसिल (f)	āī-pensil
Wimperntusche (f)	मस्कारा (m)	maskāra

Lippenstift (m)	लिपस्टिक (m)	lipastik
Nagellack (m)	नेल पॉलिश (f)	nel polish
Haarlack (m)	हेयर स्प्रे (m)	heyar spre
Deodorant (n)	डिओडरेन्ट (m)	diodarent

Creme (f)	क्रीम (m)	krīm
Gesichtscreme (f)	चेहरे की क्रीम (f)	chehare kī krīm
Handcreme (f)	हाथ की क्रीम (f)	hāth kī krīm
Anti-Falten-Creme (f)	एंटी रिंकल क्रीम (f)	entī rinkal krīm
Tages-	दिन का	din ka
Nacht-	रात का	rāt ka

Tampon (m)	टैम्पन (m)	taimpan
Toilettenpapier (n)	टॉयलेट पेपर (m)	toyalet pepar
Föhn (m)	हेयर ड्रायर (m)	heyar drāyar

39. Schmuck

Schmuck (m)	ज़ेवर (m pl)	zevar
Edel- (stein)	बहुमूल्य	bahumūly
Repunze (f)	छाप (m)	chhāp

Ring (m)	अंगूठी (f)	angūthī
Ehering (m)	शादी की अंगूठी (f)	shādī kī angūthī
Armband (n)	चूड़ी (m)	chūrī

Ohrringe (pl)	कान की रिंग (f)	kān kī ring
Kette (f)	माला (f)	māla
Krone (f)	ताज (m)	tāj
Halskette (f)	मोती की माला (f)	motī kī māla

Brillant (m)	हीरा (m)	hīra
Smaragd (m)	पन्ना (m)	panna
Rubin (m)	माणिक (m)	mānik
Saphir (m)	नीलम (m)	nīlam
Perle (f)	मुक्ताफल (m)	muktāfal
Bernstein (m)	एम्बर (m)	embar

40. Armbanduhren Uhren

Armbanduhr (f)	घड़ी (f pl)	gharī
Zifferblatt (n)	डायल (m)	dāyal
Zeiger (m)	सुई (f)	suī
Metallarmband (n)	धातु से बनी घड़ी का पट्टा (m)	dhātu se banī gharī ka patta
Uhrenarmband (n)	घड़ी का पट्टा (m)	gharī ka patta

Batterie (f)	बैटरी (f)	baiterī
verbraucht sein	ख़त्म हो जाना	khatm ho jāna
die Batterie wechseln	बैटरी बदलना	baiterī badalana
vorgehen (vi)	तेज़ चलना	tez chalana
nachgehen (vi)	धीमी चलना	dhīmī chalana

Wanduhr (f)	दीवार-घड़ी (f pl)	dīvār-gharī
Sanduhr (f)	रेत-घड़ी (f pl)	ret-gharī
Sonnenuhr (f)	सूरज-घड़ी (f pl)	sūraj-gharī
Wecker (m)	अलार्म घड़ी (f)	alārm gharī
Uhrmacher (m)	घड़ीसाज़ (m)	gharīsāz
reparieren (vt)	मरम्मत करना	marammat karana

Essen. Ernährung

41. Essen

Fleisch (n)	गोश्त (m)	gosht
Hühnerfleisch (n)	चीकन (m)	chīkan
Küken (n)	रॉक कोर्निश मुर्गी (f)	rok kornish murgī
Ente (f)	बत्तख़ (f)	battakh
Gans (f)	हंस (m)	hans
Wild (n)	शिकार के पशुपक्षी (f)	shikār ke pashupakshī
Pute (f)	टर्की (m)	tarkī
Schweinefleisch (n)	सुअर का गोश्त (m)	suar ka gosht
Kalbfleisch (n)	बछड़े का गोश्त (m)	bachhare ka gosht
Hammelfleisch (n)	भेड़ का गोश्त (m)	bher ka gosht
Rindfleisch (n)	गाय का गोश्त (m)	gāy ka gosht
Kaninchenfleisch (n)	खरगोश (m)	kharagosh
Wurst (f)	सॉसेज (f)	sosej
Würstchen (n)	वियना सॉसेज (m)	viyana sosej
Schinkenspeck (m)	बेकन (m)	bekan
Schinken (m)	हैम (m)	haim
Räucherschinken (m)	सुअर की जांघ (f)	suar kī jāngh
Pastete (f)	पिसा हुआ गोश्त (m)	pisa hua gosht
Leber (f)	जिगर (f)	jigar
Hackfleisch (n)	कीमा (m)	kīma
Zunge (f)	जीभ (m)	jībh
Ei (n)	अंडा (m)	anda
Eier (pl)	अंडे (m pl)	ande
Eiweiß (n)	अंडे की सफ़ेदी (m)	ande kī safedī
Eigelb (n)	अंडे की ज़र्दी (m)	ande kī zardī
Fisch (m)	मछली (f)	machhalī
Meeresfrüchte (pl)	समुद्री खाना (m)	samudrī khāna
Kaviar (m)	मछली के अंडे (m)	machhalī ke ande
Krabbe (f)	केकड़ा (m)	kekara
Garnele (f)	चिंगड़ा (m)	chingara
Auster (f)	सीप (m)	sīp
Languste (f)	लोब्स्टर (m)	lobastar
Krake (m)	ऑक्टोपस (m)	oktopas
Kalmar (m)	स्कीड (m)	skīd
Störfleisch (n)	स्टर्जन (f)	starjan
Lachs (m)	सालमन (m)	sālaman
Heilbutt (m)	हैलिबट (f)	hailibat
Dorsch (m)	कॉड (f)	kod
Makrele (f)	माक्रैल (f)	mākrail

Tunfisch (m)	टूना (f)	tūna
Aal (m)	बाम मछली (f)	bām machhalī
Forelle (f)	ट्राउट मछली (f)	traut machhalī
Sardine (f)	सार्डीन (f)	sārdīn
Hecht (m)	पाइक (f)	paik
Hering (m)	हेरिंग मछली (f)	hering machhalī
Brot (n)	ब्रेड (f)	bred
Käse (m)	पनीर (m)	panīr
Zucker (m)	चीनी (f)	chīnī
Salz (n)	नमक (m)	namak
Reis (m)	चावल (m)	chāval
Teigwaren (pl)	पास्ता (m)	pāsta
Nudeln (pl)	नूडल्स (m)	nūdals
Butter (f)	मक्खन (m)	makkhan
Pflanzenöl (n)	तेल (m)	tel
Sonnenblumenöl (n)	सूरजमुखी तेल (m)	sūrajamukhī tel
Margarine (f)	नकली मक्खन (m)	nakalī makkhan
Oliven (pl)	जैतून (m)	jaitūn
Olivenöl (n)	जैतून का तेल (m)	jaitūn ka tel
Milch (f)	दूध (m)	dūdh
Kondensmilch (f)	रबड़ी (f)	rabarī
Joghurt (m)	दही (m)	dahī
saure Sahne (f)	खट्टी क्रीम (f)	khattī krīm
Sahne (f)	मलाई (f pl)	malaī
Mayonnaise (f)	मेयोनेज़ (m)	meyonez
Buttercreme (f)	क्रीम (m)	krīm
Grütze (f)	अनाज के दाने (m)	anāj ke dāne
Mehl (n)	आटा (m)	āta
Konserven (pl)	डिब्बाबन्द खाना (m)	dibbāband khāna
Maisflocken (pl)	कॉर्नफ्लेक्स (m)	kornafleks
Honig (m)	शहद (m)	shahad
Marmelade (f)	जैम (m)	jaim
Kaugummi (m, n)	चूइन्ग गम (m)	chūing gam

42. Getränke

Wasser (n)	पानी (m)	pānī
Trinkwasser (n)	पीने का पानी (f)	pīne ka pānī
Mineralwasser (n)	मिनरल वॉटर (m)	minaral votar
still	स्टिल वॉटर	stil votar
mit Kohlensäure	कार्बोनेटेड	kārboneted
mit Gas	स्पार्कलिंग	spārkaling
Eis (n)	बर्फ़ (m)	barf
mit Eis	बर्फ़ के साथ	barf ke sāth

alkoholfrei (Adj)	शराब रहित	sharāb rahit
alkoholfreies Getränk (n)	कोल्ड ड्रिंक (f)	kold drink
Erfrischungsgetränk (n)	शीतलक ड्रिंक (f)	shītalak drink
Limonade (f)	लेमोनेड (m)	lemoned
Spirituosen (pl)	शराब (m pl)	sharāb
Wein (m)	वाइन (f)	vain
Weißwein (m)	सफ़ेद वाइन (f)	safed vain
Rotwein (m)	लाल वाइन (f)	lāl vain
Likör (m)	लिकर (m)	likar
Champagner (m)	शैम्पेन (f)	shaimpen
Wermut (m)	वर्मीथ (f)	varmauth
Whisky (m)	विस्की (f)	viskī
Wodka (m)	वोडका (m)	vodaka
Gin (m)	जिन (f)	jin
Kognak (m)	कोन्याक (m)	konyāk
Rum (m)	रम (m)	ram
Kaffee (m)	कॉफ़ी (f)	kofī
schwarzer Kaffee (m)	काली कॉफ़ी (f)	kālī kofī
Milchkaffee (m)	दूध के साथ कॉफ़ी (f)	dūdh ke sāth kofī
Cappuccino (m)	कैपूचिनो (f)	kaipūchino
Pulverkaffee (m)	इन्सटेन्ट-काफ़ी (f)	insatent-kāfī
Milch (f)	दूध (m)	dūdh
Cocktail (m)	कॉकटेल (m)	kokatel
Milchcocktail (m)	मिल्कशेक (m)	milkashek
Saft (m)	रस (m)	ras
Tomatensaft (m)	टमाटर का रस (m)	tamātar ka ras
Orangensaft (m)	संतरे का रस (m)	santare ka ras
frisch gepresster Saft (m)	ताज़ा रस (m)	tāza ras
Bier (n)	बियर (m)	biyar
Helles (n)	हल्का बियर (m)	halka biyar
Dunkelbier (n)	डार्क बियर (m)	dārk biyar
Tee (m)	चाय (f)	chāy
schwarzer Tee (m)	काली चाय (f)	kālī chāy
grüner Tee (m)	हरी चाय (f)	harī chāy

43. Gemüse

Gemüse (n)	सब्ज़ियाँ (f pl)	sabziyān
grünes Gemüse (pl)	हरी सब्ज़ियाँ (f)	harī sabziyān
Tomate (f)	टमाटर (m)	tamātar
Gurke (f)	खीरा (m)	khīra
Karotte (f)	गाजर (f)	gājar
Kartoffel (f)	आलू (m)	ālū
Zwiebel (f)	प्याज़ (m)	pyāz
Knoblauch (m)	लहसुन (m)	lahasun

Kohl (m)	पत्ता गोभी (f)	patta gobhī
Blumenkohl (m)	फूल गोभी (f)	fūl gobhī
Rosenkohl (m)	ब्रसेल्स स्प्राउट्स (m)	brasels sprauts
Brokkoli (m)	ब्रोकोली (f)	brokolī

Rote Bete (f)	चुकन्दर (m)	chukandar
Aubergine (f)	बैंगन (m)	baingan
Zucchini (f)	तुरई (f)	turī
Kürbis (m)	कद्दू	kaddū
Rübe (f)	शलजम (f)	shalajam

Petersilie (f)	अजमोद (f)	ajamod
Dill (m)	सोआ (m)	soa
Kopf Salat (m)	सलाद पत्ता (m)	salād patta
Sellerie (m)	सेलरी (m)	selarī
Spargel (m)	एस्पैरेगस (m)	espairegas
Spinat (m)	पालक (m)	pālak

Erbse (f)	मटर (m)	matar
Bohnen (pl)	फली (f pl)	falī
Mais (m)	मकई (f)	makī
weiße Bohne (f)	राजमा (f)	rājama

Paprika (m)	शिमला मिर्च (m)	shimala mirch
Radieschen (n)	मूली (f)	mūlī
Artischocke (f)	हाथीचक (m)	hāthīchak

44. Obst. Nüsse

Frucht (f)	फल (m)	fal
Apfel (m)	सेब (m)	seb
Birne (f)	नाशपाती (f)	nāshapātī
Zitrone (f)	नींबू (m)	nīmbū
Apfelsine (f)	संतरा (m)	santara
Erdbeere (f)	स्ट्रॉबेरी (f)	stroberī

Mandarine (f)	नारंगी (m)	nārangī
Pflaume (f)	आलूबुखारा (m)	ālūbukhāra
Pfirsich (m)	आड़ू (m)	ārū
Aprikose (f)	खूबानी (f)	khūbānī
Himbeere (f)	रसभरी (f)	rasabharī
Ananas (f)	अनानास (m)	anānās

Banane (f)	केला (m)	kela
Wassermelone (f)	तरबूज़ (m)	tarabūz
Weintrauben (pl)	अंगूर (m)	angūr
Kirsche (f)	चेरी (f)	cherī
Melone (f)	खरबूज़ा (f)	kharabūza

Grapefruit (f)	ग्रेपफ्रूट (m)	grepafrūt
Avocado (f)	एवोकाडो (m)	evokādo
Papaya (f)	पपीता (f)	papīta
Mango (f)	आम (m)	ām
Granatapfel (m)	अनार (m)	anār

rote Johannisbeere (f)	लाल किशमिश (f)	lāl kishamish
schwarze Johannisbeere (f)	काली किशमिश (f)	kālī kishamish
Stachelbeere (f)	आमला (f)	āmala
Heidelbeere (f)	बिलबेरी (f)	bilaberī
Brombeere (f)	ब्लैकबेरी (f)	blaikaberī

Rosinen (pl)	किशमिश (m)	kishamish
Feige (f)	अंजीर (m)	anjīr
Dattel (f)	खजूर (m)	khajūr

Erdnuss (f)	मूँगफली (m)	mūngafalī
Mandel (f)	बादाम (f)	bādām
Walnuss (f)	अखरोट (m)	akharot
Haselnuss (f)	हेज़लनट (m)	hezalanat
Kokosnuss (f)	नारियल (m)	nāriyal
Pistazien (pl)	पिस्ता (m)	pista

45. Brot. Süßigkeiten

Konditorwaren (pl)	मिठाई (f pl)	mithaī
Brot (n)	ब्रेड (f)	bred
Keks (m, n)	बिस्कुट (m)	biskut

Schokolade (f)	चॉकलेट (m)	chokalet
Schokoladen-	चॉकलेटी	chokaletī
Bonbon (m, n)	टॉफ़ी (f)	tofī
Kuchen (m)	पेस्ट्री (f)	pestrī
Torte (f)	केक (m)	kek

| Kuchen (Apfel-) | पाई (m) | paī |
| Füllung (f) | फ़िलिंग (f) | filing |

Konfitüre (f)	जैम (m)	jaim
Marmelade (f)	मुरब्बा (m)	murabba
Waffeln (pl)	वेफ़र (m pl)	vefar
Eis (n)	आईस-क्रीम (f)	āīs-krīm

46. Gerichte

Gericht (n)	पकवान (m)	pakavān
Küche (f)	व्यंजन (m)	vyanjan
Rezept (n)	रैसीपी (f)	raisīpī
Portion (f)	भाग (m)	bhāg

| Salat (m) | सलाद (m) | salād |
| Suppe (f) | सूप (m) | sūp |

Brühe (f), Bouillon (f)	यख़नी (f)	yakhanī
belegtes Brot (n)	सैन्डविच (m)	saindavich
Spiegelei (n)	आमलेट (m)	āmalet
Hamburger (m)	हैमबर्गर (m)	haimabargar
Beefsteak (n)	बीफ़स्टीक (m)	bīfastīk

Beilage (f)	साइड डिश (f)	said dish
Spaghetti (pl)	स्पेघेटी (f)	speghetī
Kartoffelpüree (n)	आलू भरता (f)	ālū bharata
Pizza (f)	पीट्ज़ा (f)	pītza
Brei (m)	दलिया (f)	daliya
Omelett (n)	आमलेट (m)	āmalet

gekocht	उबला	ubala
geräuchert	धुएँ में पकाया हुआ	dhuen men pakāya hua
gebraten	भुना	bhuna
getrocknet	सूखा	sūkha
tiefgekühlt	फ्रोज़न	frozan
mariniert	अचार	achār

süß	मीठा	mītha
salzig	नमकीन	namakīn
kalt	ठंडा	thanda
heiß	गरम	garam
bitter	कड़वा	karava
lecker	स्वादिष्ट	svādisht

kochen (vt)	उबलते पानी में पकाना	ubalate pānī men pakāna
zubereiten (vt)	खाना बनाना	khāna banāna
braten (vt)	भूनना	bhūnana
aufwärmen (vt)	गरम करना	garam karana

salzen (vt)	नमक डालना	namak dālana
pfeffern (vt)	मिर्च डालना	mirch dālana
reiben (vt)	कद्दूकश करना	kaddūkash karana
Schale (f)	छिलका (f)	chhilaka
schälen (vt)	छिलका निकलना	chhilaka nikalana

47. Gewürze

Salz (n)	नमक (m)	namak
salzig (Adj)	नमकीन	namakīn
salzen (vt)	नमक डालना	namak dālana

schwarzer Pfeffer (m)	काली मिर्च (f)	kālī mirch
roter Pfeffer (m)	लाल मिर्च (m)	lāl mirch
Senf (m)	सरसों (m)	sarason
Meerrettich (m)	अरब मूली (f)	arab mūlī

Gewürz (n)	मसाला (m)	masāla
Gewürz (n)	मसाला (m)	masāla
Soße (f)	चटनी (f)	chatanī
Essig (m)	सिरका (m)	siraka

Anis (m)	सौंफ़ (f)	saumf
Basilikum (n)	तुलसी (f)	tulasī
Nelke (f)	लौंग (f)	laung
Ingwer (m)	अदरक (m)	adarak
Koriander (m)	धनिया (m)	dhaniya
Zimt (m)	दालचीनी (f)	dālachīnī

Sesam (m)	तिल (m)	til
Lorbeerblatt (n)	तेजपत्ता (m)	tejapatta
Paprika (m)	लाल शिमला मिर्च पाउडर (m)	lāl shimala mirch paudar
Kümmel (m)	ज़ीरा (m)	zīra
Safran (m)	ज़ाफ़रान (m)	zāfarān

48. Mahlzeiten

| Essen (n) | खाना (m) | khāna |
| essen (vi, vt) | खाना खाना | khāna khāna |

Frühstück (n)	नाश्ता (m)	nāshta
frühstücken (vi)	नाश्ता करना	nāshta karana
Mittagessen (n)	दोपहर का भोजन (m)	dopahar ka bhojan
zu Mittag essen	दोपहर का भोजन करना	dopahar ka bhojan karana
Abendessen (n)	रात्रिभोज (m)	rātribhoj
zu Abend essen	रात्रिभोज करना	rātribhoj karana

| Appetit (m) | भूख (f) | bhūkh |
| Guten Appetit! | अपने भोजन का आनंद उठाएं! | apane bhojan ka ānand uthaen! |

öffnen (vt)	खोलना	kholana
verschütten (vt)	गिराना	girāna
verschüttet werden	गिराना	girāna
kochen (vi)	उबालना	ubālana
kochen (Wasser ~)	उबालना	ubālana
gekocht (Adj)	उबला हुआ	ubala hua
kühlen (vt)	ठंडा करना	thanda karana
abkühlen (vi)	ठंडा करना	thanda karana

| Geschmack (m) | स्वाद (m) | svād |
| Beigeschmack (m) | स्वाद (m) | svād |

auf Diät sein	वज़न घटाना	vazan ghatāna
Diät (f)	डाइट (m)	dait
Vitamin (n)	विटामिन (m)	vitāmin
Kalorie (f)	कैलोरी (f)	kailorī
Vegetarier (m)	शाकाहारी (m)	shākāhārī
vegetarisch (Adj)	शाकाहारी	shākāhārī

Fett (n)	वसा (m pl)	vasa
Protein (n)	प्रोटीन (m pl)	protīn
Kohlenhydrat (n)	काबोहाइड्रेट (m)	kārbohaidret
Scheibchen (n)	टुकड़ा (m)	tukara
Stück (ein ~ Kuchen)	टुकड़ा (m)	tukara
Krümel (m)	टुकड़ा (m)	tukara

49. Gedeck

| Löffel (m) | चम्मच (m) | chammach |
| Messer (n) | छुरी (f) | chhurī |

Gabel (f)	काँटा (m)	kānta
Tasse (eine ~ Tee)	प्याला (m)	pyāla
Teller (m)	तश्तरी (f)	tashtarī
Untertasse (f)	सॉसर (m)	sosar
Serviette (f)	नैपकीन (m)	naipakīn
Zahnstocher (m)	टूथपिक (m)	tūthapik

50. Restaurant

Restaurant (n)	रेस्टराँ (m)	restarān
Kaffeehaus (n)	कॉफ़ी हाउस (m)	kofī haus
Bar (f)	बार (m)	bār
Teesalon (m)	चायख़ाना (m)	chāyakhāna

Kellner (m)	बैरा (m)	baira
Kellnerin (f)	बैरी (f)	bairī
Barmixer (m)	बारमैन (m)	bāramain

Speisekarte (f)	मेनू (m)	menū
Weinkarte (f)	वाइन सूची (f)	vain sūchī
einen Tisch reservieren	मेज़ बुक करना	mez buk karana

Gericht (n)	पकवान (m)	pakavān
bestellen (vt)	आर्डर देना	ārdar dena
eine Bestellung aufgeben	आर्डर देना	ārdar dena

Aperitif (m)	एपेरेतीफ़ (m)	eperetīf
Vorspeise (f)	एपेटाइज़र (m)	epetaizar
Nachtisch (m)	मीठा (m)	mītha

Rechnung (f)	बिल (m)	bil
Rechnung bezahlen	बील का भुगतान करना	bīl ka bhugatān karana
das Wechselgeld geben	खुले पैसे देना	khule paise dena
Trinkgeld (n)	टिप (f)	tip

Familie, Verwandte und Freunde

51. Persönliche Informationen. Formulare

Vorname (m)	पहला नाम (m)	pahala nām
Name (m)	उपनाम (m)	upanām
Geburtsdatum (n)	जन्म-दिवस (m)	janm-divas
Geburtsort (m)	मातृभूमि (f)	mātrbhūmi
Nationalität (f)	नागरिकता (f)	nāgarikata
Wohnort (m)	निवास स्थान (m)	nivās sthān
Land (n)	देश (m)	desh
Beruf (m)	पेशा (m)	pesha
Geschlecht (n)	लिंग (m)	ling
Größe (f)	क़द (m)	qad
Gewicht (n)	वज़न (m)	vazan

52. Familienmitglieder. Verwandte

Mutter (f)	माँ (f)	mān
Vater (m)	पिता (m)	pita
Sohn (m)	बेटा (m)	beta
Tochter (f)	बेटी (f)	betī
jüngste Tochter (f)	छोटी बेटी (f)	chhotī betī
jüngste Sohn (m)	छोटा बेटा (m)	chhota beta
ältere Tochter (f)	बड़ी बेटी (f)	barī betī
älterer Sohn (m)	बड़ा बेटा (m)	bara beta
Bruder (m)	भाई (m)	bhaī
Schwester (f)	बहन (f)	bahan
Cousin (m)	चचेरा भाई (m)	chachera bhaī
Cousine (f)	चचेरी बहन (f)	chacherī bahan
Mama (f)	अम्मा (f)	amma
Papa (m)	पापा (m)	pāpa
Eltern (pl)	माँ-बाप (m pl)	mān-bāp
Kind (n)	बच्चा (m)	bachcha
Kinder (pl)	बच्चे (m pl)	bachche
Großmutter (f)	दादी (f)	dādī
Großvater (m)	दादा (m)	dāda
Enkel (m)	पोता (m)	pota
Enkelin (f)	पोती (f)	potī
Enkelkinder (pl)	पोते (m)	pote
Onkel (m)	चाचा (m)	chācha
Tante (f)	चाची (f)	chāchī

| Neffe (m) | भतीजा (m) | bhatīja |
| Nichte (f) | भतीजी (f) | bhatījī |

Schwiegermutter (f)	सास (f)	sãs
Schwiegervater (m)	ससुर (m)	sasur
Schwiegersohn (m)	दामाद (m)	dāmād
Stiefmutter (f)	सौतेली माँ (f)	sautelī mān
Stiefvater (m)	सौतेले पिता (m)	sautele pita

Säugling (m)	दूधमुँहा बच्चा (m)	dudhamunha bachcha
Kleinkind (n)	शिशु (f)	shishu
Kleine (m)	छोटा बच्चा (m)	chhota bachcha

Frau (f)	पत्नी (f)	patnī
Mann (m)	पति (m)	pati
Ehemann (m)	पति (m)	pati
Gemahlin (f)	पत्नी (f)	patnī

verheiratet (Ehemann)	शादीशुदा	shādīshuda
verheiratet (Ehefrau)	शादीशुदा	shādīshuda
ledig	अविवाहित	avivāhit
Junggeselle (m)	कुँआरा (m)	kunāra
geschieden (Adj)	तलाक़शुदा	talāqashuda
Witwe (f)	विधवा (f)	vidhava
Witwer (m)	विधुर (m)	vidhur

Verwandte (m)	रिश्तेदार (m)	rishtedār
naher Verwandter (m)	सम्बंधी (m)	sambandhī
entfernter Verwandter (m)	दूर का रिश्तेदार (m)	dūr ka rishtedār
Verwandte (pl)	रिश्तेदार (m pl)	rishtedār

Waise (m, f)	अनाथ (m)	anāth
Vormund (m)	अभिभावक (m)	abhibhāvak
adoptieren (einen Jungen)	लड़का गोद लेना	laraka god lena
adoptieren (ein Mädchen)	लड़की गोद लेना	larakī god lena

53. Freunde. Arbeitskollegen

Freund (m)	दोस्त (m)	dost
Freundin (f)	सहेली (f)	sahelī
Freundschaft (f)	दोस्ती (f)	dostī
befreundet sein	दोस्त होना	dost hona

Freund (m)	मित्र (m)	mitr
Freundin (f)	सहेली (f)	sahelī
Partner (m)	पार्टनर (m)	pārtanar

Chef (m)	चीफ़ (m)	chīf
Vorgesetzte (m)	अधीक्षक (m)	adhīkshak
Untergeordnete (m)	अधीनस्थ (m)	adhīnasth
Kollege (m), Kollegin (f)	सहकर्मी (m)	sahakarmī

| Bekannte (m) | परिचित आदमी (m) | parichit ādamī |
| Reisegefährte (m) | सहगामी (m) | sahagāmī |

Mitschüler (m)	सहपाठी (m)	sahapāthī
Nachbar (m)	पड़ोसी (m)	parosī
Nachbarin (f)	पड़ोसन (f)	parosan
Nachbarn (pl)	पड़ोसी (m pl)	parosī

54. Mann. Frau

Frau (f)	औरत (f)	aurat
Mädchen (n)	लड़की (f)	larakī
Braut (f)	दुल्हन (f)	dulhan

schöne	सुंदर	sundar
große	लम्बा	lamba
schlanke	सुडौल	sudaul
kleine (~ Frau)	छोटे क़द का	chhote qad ka

| Blondine (f) | हल्के रंगे के बालोंवाली औरत (f) | halke range ke bālonvālī aurat |
| Brünette (f) | काले बालोंवाली औरत (f) | kāle bālonvālī aurat |

Damen-	महिलाओं का	mahilaon ka
Jungfrau (f)	कुमारिन्नी (f)	kumārinī
schwangere	गर्भवती	garbhavatī

Mann (m)	आदमी (m)	ādamī
Blonde (m)	हल्के रंगे के बालोंवाला आदमी (m)	halke range ke bālonvāla ādamī
Brünette (m)	काले बालोंवाला (m)	kāle bālonvāla
hoch	लम्बा	lamba
klein	छोटे क़द का	chhote qad ka

grob	अभद्र	abhadr
untersetzt	हष्ट-पुष्ट	hrasht-pusht
robust	तगड़ा	tagara
stark	ताकतवर	tākatavar
Kraft (f)	ताक़त (f)	tāqat

dick	मोटा	mota
dunkelhäutig	साँवला	sānvala
schlank	सुडौल	sudaul
elegant	सजिला	sajila

55. Alter

Alter (n)	उम्र (f)	umr
Jugend (f)	युवा (f)	yuva
jung	जवान	javān

jünger (~ als Sie)	कनिष्ठ	kanishth
älter (~ als ich)	बड़ा	bara
Junge (m)	युवक (m)	yuvak
Teenager (m)	किशोर (m)	kishor

Bursche (m)	लड़का (m)	laraka
Greis (m)	बूढ़ा आदमी (m)	būrha ādamī
alte Frau (f)	बूढ़ी औरत (f)	būrhī aurat

Erwachsene (m)	व्यस्क	vyask
in mittleren Jahren	अधेड़	adhed
älterer (Adj)	बुजुर्ग	buzurg
alt (Adj)	साल	sāl

Ruhestand (m)	सेवा-निवृत्ति (f)	seva-nivrtti
in Rente gehen	सेवा-निवृत्त होना	seva-nivrtt hona
Rentner (m)	सेवा-निवृत्त (m)	seva-nivrtt

56. Kinder

Kind (n)	बच्चा (m)	bachcha
Kinder (pl)	बच्चे (m pl)	bachche
Zwillinge (pl)	जुड़वाँ (m pl)	juravān

Wiege (f)	पालना (m)	pālana
Rassel (f)	झुनझुना (m)	jhunajhuna
Windel (f)	डायपर (m)	dāyapar

Schnuller (m)	चुसनी (f)	chusanī
Kinderwagen (m)	बच्चा गाड़ी (f)	bachcha gārī
Kindergarten (m)	बालवाड़ी (f)	bālavārī
Kinderfrau (f)	दाई (f)	daī

Kindheit (f)	बचपन (m)	bachapan
Puppe (f)	गुड़िया (f)	guriya
Spielzeug (n)	खिलौना (m)	khilauna
Baukasten (m)	निर्माण सेट खिलौना (m)	nirmān set khilauna
wohlerzogen	तमीज़दार	tamīzadār
ungezogen	बदतमीज़	badatamīz
verwöhnt	सिरचढ़ा	siracharha

unartig sein	शरारत करना	sharārat karana
unartig	नटखट	natakhat
Unart (f)	नटखटपन (m)	natakhatapan
Schelm (m)	नटखट बच्चा (m)	natakhat bachcha

| gehorsam | आज्ञाकारी | āgyākārī |
| ungehorsam | अनुज्ञाकारी | anugyākārī |

fügsam	विनम्र	vinamr
klug	बुद्धिमान	buddhimān
Wunderkind (n)	अद्भुत बच्चा (m)	adbhut bachcha

57. Ehepaare. Familienleben

| küssen (vt) | चुम्बन करना | chumban karana |
| sich küssen | चुम्बन करना | chumban karana |

Familie (f)	परिवार (m)	parivār
Familien-	परिवारिक	parivārik
Paar (n)	दंपति (m)	dampatti
Ehe (f)	शादी (f)	shādī
Heim (n)	गृह-चूल्हा (m)	grh-chūlha
Dynastie (f)	वंश (f)	vansh
Rendezvous (n)	मुलाक़ात (f)	mulāqāt
Kuss (m)	चुम्बन (m)	chumban
Liebe (f)	प्रेम (m)	prem
lieben (vt)	प्यार करना	pyār karana
geliebt	प्यारा	pyāra
Zärtlichkeit (f)	स्नेह (f)	sneh
zärtlich	स्नेही	snehī
Treue (f)	वफ़ादारी (f)	vafādārī
treu (Adj)	वफ़ादार	vafādār
Fürsorge (f)	देखभाल (f)	dekhabhāl
sorgsam	परवाह करने वाला	paravāh karane vāla
Frischvermählte (pl)	नवविवाहित (m pl)	navavivāhit
Flitterwochen (pl)	हनीमून (m)	hanīmūn
heiraten (einen Mann ~)	शादी करना	shādī karana
heiraten (ein Frau ~)	शादी करना	shādī karana
Hochzeit (f)	शादी (f)	shādī
goldene Hochzeit (f)	विवाह की पचासवीं वर्षगांठ (m)	vivāh kī pachāsavīn varshagānth
Jahrestag (m)	वर्षगांठ (m)	varshagānth
Geliebte (m)	प्रेमी (m)	premī
Geliebte (f)	प्रेमिका (f)	premika
Ehebruch (m)	व्यभिचार (m)	vyabhichār
Ehebruch begehen	संबंधों में धोखा देना	sambandhon men dhokha dena
eifersüchtig	ईष्यालु	īshyālu
eifersüchtig sein	ईष्या करना	īshya karana
Scheidung (f)	तलाक़ (m)	talāq
sich scheiden lassen	तलाक़ देना	talāq dena
streiten (vi)	झगड़ना	jhagarana
sich versöhnen	सुलह करना	sulah karana
zusammen (Adv)	साथ	sāth
Sex (m)	यौन-क्रिया (f)	yaun-kriya
Glück (n)	खुशी (f)	khushī
glücklich	खुश	khush
Unglück (n)	दुर्घटना (f)	durghatana
unglücklich	नाखुश	nākhush

Charakter. Empfindungen. Gefühle

58. Empfindungen. Gefühle

Gefühl (n)	भावना (f)	bhāvana
Gefühle (pl)	भावनाएं (f)	bhāvanaen
fühlen (vt)	महसूस करना	mahasūs karana
Hunger (m)	भूख (f)	bhūkh
hungrig sein	भूख लगना	bhūkh lagana
Durst (m)	प्यास (f)	pyās
Durst haben	प्यास लगना	pyās lagana
Schläfrigkeit (f)	उनींदापन (f)	unīndāpan
schlafen wollen	नींद आना	nīnd āna
Müdigkeit (f)	थकान (f)	thakān
müde	थका हुआ	thaka hua
müde werden	थक जाना	thak jāna
Laune (f)	मन (m)	man
Langeweile (f)	ऊब (m)	ūb
sich langweilen	ऊब जाना	ūb jāna
Zurückgezogenheit (n)	अकेलापन (m)	akelāpan
sich zurückziehen	एकांत में रहना	ekānt men rahana
beunruhigen (vt)	चिन्ता करना	chinta karana
sorgen (vi)	फ़िक्रमंद होना	fikramand hona
Besorgnis (f)	फ़िक्र (f)	fikr
Angst (~ um …)	चिन्ता (f)	chinta
besorgt (Adj)	चिंताकुल	chintākul
nervös sein	घबराना	ghabarāna
in Panik verfallen (vi)	घबरा जाना	ghabara jāna
Hoffnung (f)	आशा (f)	āsha
hoffen (vi)	आशा रखना	āsha rakhana
Sicherheit (f)	विश्वास (m)	vishvās
sicher	विश्वास होना	vishvās hona
Unsicherheit (f)	अविश्वास (m)	avishvās
unsicher	विश्वास न होना	vishvās na hona
betrunken	मदहोश	madahosh
nüchtern	बिना नशे के	bina nashe ke
schwach	कमज़ोर	kamazor
glücklich	ख़ुश	khush
erschrecken (vt)	डराना	darāna
Wut (f)	रोष (m)	rosh
Rage (f)	रोष (m)	rosh
Depression (f)	उदासी (f)	udāsī
Unbehagen (n)	असुविधा (f)	asuvidha

Komfort (m)	सुविधा (f)	suvidha
bedauern (vt)	अफ़सोस करना	afasos karana
Bedauern (n)	अफ़सोस (m)	afasos
Missgeschick (n)	दुर्भाग्य (f)	durbhāgy
Kummer (m)	दुख (m)	dukh

Scham (f)	शर्म (m)	sharm
Freude (f)	प्रसन्नता (f)	prasannata
Begeisterung (f)	उत्साह (m)	utsāh
Enthusiast (m)	उत्साही (m)	utsāhī
Begeisterung zeigen	उत्साह दिखाना	utsāh dikhāna

59. Charakter. Persönlichkeit

Charakter (m)	चरित्र (m)	charitr
Charakterfehler (m)	चरित्र दोष (m)	charitr dosh
Verstand (m)	अक्ल (m)	aql
Vernunft (f)	तर्क करने की क्षमता (f)	tark karane kī kshamata

Gewissen (n)	अन्तरात्मा (f)	antarātma
Gewohnheit (f)	आदत (f)	ādat
Fähigkeit (f)	क्षमता (f)	kshamata
können (v mod)	कर सकना	kar sakana

geduldig	धैर्यशील	dhairyashīl
ungeduldig	बेसब्र	besabr
neugierig	उत्सुक	utsuk
Neugier (f)	उत्सुकता (f)	utsukata

Bescheidenheit (f)	लज्जा (f)	lajja
bescheiden	विनम्र	vinamr
unbescheiden	अविनम्र	avinamr

Faulheit (f)	आलस्य (m)	ālasy
faul	आलसी	ālasī
Faulenzer (m)	सुस्त आदमी (m)	sust ādamī

Listigkeit (f)	चालाक (m)	chālāk
listig	चालाकी	chālākī
Misstrauen (n)	अविश्वास (m)	avishvās
misstrauisch	अविश्वासपूर्ण	avishvāsapūrn

Freigebigkeit (f)	उदारता (f)	udārata
freigebig	उदार	udār
talentiert	प्रतिभाशाली	pratibhāshālī
Talent (n)	प्रतिभा (m)	pratibha

tapfer	साहसी	sāhasī
Tapferkeit (f)	साहस (m)	sāhas
ehrlich	ईमानदार	īmānadār
Ehrlichkeit (f)	ईमानदारी (f)	īmānadārī

| vorsichtig | सावधान | sāvadhān |
| tapfer | बहादुर | bahādur |

| ernst | गम्भीर | gambhīr |
| streng | सख्त | sakht |

entschlossen	निर्णयात्मक	nirnayātmak
unentschlossen	अनिर्णायक	anirnāyak
schüchtern	शर्मीला	sharmīla
Schüchternheit (f)	संकोच (m)	sankoch

Vertrauen (n)	यक़ीन (m)	yaqīn
vertrauen (vi)	यक़ीन करना	yaqīn karana
vertrauensvoll	भरोसा	bharosa

aufrichtig (Adv)	हार्दिक	hārdik
aufrichtig (Adj)	हार्दिक	hārdik
Aufrichtigkeit (f)	निष्ठा (f)	nishtha
offen	अनावृत	anāvrt

still (Adj)	शांत	shānt
freimütig	स्पष्ट	spasht
naiv	भोला	bhola
zerstreut	भुलक्कड़	bhulakkar
drollig, komisch	अजीब	ajīb

Gier (f)	लालच (m)	lālach
habgierig	लालची	lālachī
geizig	कंजूस	kanjūs
böse	दुष्ट	dusht
hartnäckig	ज़िद्दी	ziddī
unangenehm	अप्रिय	apriy

Egoist (m)	स्वार्थी (m)	svārthī
egoistisch	स्वार्थ	svārth
Feigling (m)	कायर (m)	kāyar
feige	कायरता	kāyarata

60. Schlaf. Träume

schlafen (vi)	सोना	sona
Schlaf (m)	सोना (m)	sona
Traum (m)	सपना (f)	sapana
träumen (im Schlaf)	सपना देखना	sapana dekhana
verschlafen	उनिंदा	uninda

Bett (n)	पलंग (m)	palang
Matratze (f)	गद्दा (m)	gadda
Decke (f)	कम्बल (m)	kambal
Kissen (n)	तकिया (m)	takiya
Laken (n)	चादर (f)	chādar

Schlaflosigkeit (f)	अनिद्रा (m)	anidra
schlaflos	अनिद्र	anidr
Schlafmittel (n)	नींद की गोली (f)	nīnd kī golī
Schlafmittel nehmen	नींद की गोली लेना	nīnd kī golī lena
schlafen wollen	नींद आना	nīnd āna

gähnen (vi)	जँभाई लेना	janbhaī lena
schlafen gehen	सोने जाना	sone jāna
das Bett machen	बिस्तर बिछाना	bistar bichhāna
einschlafen (vi)	सो जाना	so jāna

Alptraum (m)	डरावना सपना (m)	darāvana sapana
Schnarchen (n)	खर्राटे (m)	kharrāte
schnarchen (vi)	खर्राटे लेना	kharrāte lena

Wecker (m)	अलार्म घड़ी (f)	alārm gharī
aufwecken (vt)	जगाना	jagāna
erwachen (vi)	जगना	jagana
aufstehen (vi)	उठना	uthana
sich waschen	हाथ-मुँह धोना	hāth-munh dhona

61. Humor. Lachen. Freude

Humor (m)	हास्य (m)	hāsy
Sinn (m) für Humor	मज़ाक करने की आदत (m)	mazāk karane kī ādat
sich amüsieren	आनंद उठाना	ānand uthāna
froh (Adj)	हँसमुख	hansamukh
Fröhlichkeit (f)	उत्सव (m)	utsav

Lächeln (n)	मुस्कान (f)	muskān
lächeln (vi)	मुस्कुराना	muskurāna
auflachen (vi)	हसना शुरू करना	hansana shurū karana
lachen (vi)	हंसना	hansana
Lachen (n)	हंसी (f)	hansī

Anekdote, Witz (m)	चुटकुला (f)	chutakula
lächerlich	मज़ाकीय	mazākīy
komisch	हास्यास्प्रद	hāsyāsprad

Witz machen	मज़ाक करना	mazāk karana
Spaß (m)	लतीफ़ा (f)	latīfa
Freude (f)	ख़ुशी (f)	khushī
sich freuen	ख़ुश होना	khush hona
froh (Adj)	ख़ुश	khush

62. Diskussion, Unterhaltung. Teil 1

| Kommunikation (f) | संवाद (m) | sanvād |
| kommunizieren (vi) | संवाद करना | sanvād karana |

Konversation (f)	बातचीत (f)	bātachīt
Dialog (m)	बातचीत (f)	bātachīt
Diskussion (f)	चर्चा (f)	charcha
Streitgespräch (n)	बहस (f)	bahas
streiten (vi)	बहस करना	bahas karana

| Gesprächspartner (m) | वार्ताकार (m) | vārtākār |
| Thema (n) | विषय (m) | vishay |

Gesichtspunkt (m)	दृष्टिकोण (m)	drshtikon
Meinung (f)	राय (f)	rāy
Rede (f)	भाषण (m)	bhāshan

Besprechung (f)	चर्चा (f)	charcha
besprechen (vt)	चर्चा करना	charcha karana
Gespräch (n)	बातचीत (f)	bātachīt
Gespräche führen	बात करना	bāt karana
Treffen (n)	भेंट (f)	bhent
sich treffen	मिलना	milana

Sprichwort (n)	लोकोक्ति (f)	lokokti
Redensart (f)	कहावत (f)	kahāvat
Rätsel (n)	पहेली (f)	pahelī
ein Rätsel aufgeben	पहेली पूछना	pahelī pūchhana
Parole (f)	पासवर्ड (m)	pāsavard
Geheimnis (n)	भेद (m)	bhed

Eid (m), Schwur (m)	शपथ (f)	shapath
schwören (vi, vt)	शपथ लेना	shapath lena
Versprechen (n)	वचन (m)	vachan
versprechen (vt)	वचन देना	vachan dena

Rat (m)	सलाह (f)	salāh
raten (vt)	सलाह देना	salāh dena
gehorchen (jemandem ~)	कहना मानना	kahana mānana

Neuigkeit (f)	समाचार (m)	samāchār
Sensation (f)	सनसनी (f)	sanasanī
Informationen (pl)	सूचना (f)	sūchana
Schlussfolgerung (f)	निष्कर्ष (m)	nishkarsh
Stimme (f)	आवाज़ (f)	āvāz
Kompliment (n)	प्रशंसा (m)	prashansa
freundlich	दयालु	dayālu

Wort (n)	शब्द (m)	shabd
Phrase (f)	जुमला (m)	jumala
Antwort (f)	जवाब (m)	javāb

| Wahrheit (f) | सच (f) | sach |
| Lüge (f) | झूठ (f) | jhūth |

Gedanke (m)	ख्याल (f)	khyāl
Idee (f)	विचार (f)	vichār
Phantasie (f)	कल्पना (f)	kalpana

63. Diskussion, Unterhaltung. Teil 2

angesehen (Adj)	आदरणीय	ādaranīy
respektieren (vt)	आदर करना	ādar karana
Respekt (m)	इज्ज़त (m)	izzat
Sehr geehrter ...	माननीय	mānanīy
bekannt machen	परिचय देना	parichay dena
Absicht (f)	इरादा (m)	irāda

beabsichtigen (vt)	इरादा करना	irāda karana
Wunsch (m)	इच्छा (f)	ichchha
wünschen (vt)	इच्छा करना	ichchha karana
Staunen (n)	हैरानी (f)	hairānī
erstaunen (vt)	हैरान करना	hairān karana
staunen (vi)	हैरान होना	hairān hona
geben (vt)	देना	dena
nehmen (vt)	लेना	lena
herausgeben (vt)	वापस देना	vāpas dena
zurückgeben (vt)	वापस करना	vāpas karana
sich entschuldigen	माफ़ी मांगना	māfī māngana
Entschuldigung (f)	माफ़ी (f)	māfī
verzeihen (vt)	क्षमा करना	kshama karana
sprechen (vi)	बात करना	bāt karana
hören (vt), zuhören (vi)	सुनना	sunana
sich anhören	सुन लेना	sun lena
verstehen (vt)	समझना	samajhana
zeigen (vt)	दिखाना	dikhāna
ansehen (vt)	देखना	dekhana
rufen (vt)	बुलाना	bulāna
stören (vt)	परेशान करना	pareshān karana
übergeben (vt)	भिजवाना	bhijavāna
Bitte (f)	प्रार्थना (f)	prārthana
bitten (vt)	अनुरोध करना	anurodh karana
Verlangen (n)	मांग (f)	māng
verlangen (vt)	माँगना	māngana
necken (vt)	चिढ़ाना	chirhāna
spotten (vi)	मज़ाक उड़ाना	mazāk urāna
Spott (m)	मज़ाक (m)	mazāk
Spitzname (m)	मुंह बोला नाम (m)	munh bola nām
Andeutung (f)	इशारा (m)	ishāra
andeuten (vt)	इशारा करना	ishāra karana
meinen (vt)	मतलब होना	matalab hona
Beschreibung (f)	वर्णन (m)	varnan
beschreiben (vt)	वर्णन करना	varnan karana
Lob (n)	प्रशंसा (m)	prashansa
loben (vt)	प्रशंसा करना	prashansa karana
Enttäuschung (f)	निराशा (m)	nirāsha
enttäuschen (vt)	निराश करना	nirāsh karana
enttäuscht sein	निराश होना	nirāsh hona
Vermutung (f)	अंदाज़ा (m)	andāza
vermuten (vt)	अंदाज़ा करना	andāza karana
Warnung (f)	चेतावनी (f)	chetāvanī
warnen (vt)	चेतावनी देना	chetāvanī dena

64. Diskussion, Unterhaltung. Teil 3

überreden (vt)	मना लेना	mana lena
beruhigen (vt)	शांत करना	shānt karana
Schweigen (n)	ख़ामोशी (f)	khāmoshī
schweigen (vi)	चुप रहना	chup rahana
flüstern (vt)	फुसफुसाना	fusafusāna
Flüstern (n)	फुसफुस (m)	fusafus
offen (Adv)	साफ़ साफ़	sāf sāf
meiner Meinung nach ...	मेरे ख़्याल में ...	mere khyāl men ...
Detail (n)	विस्तार (m)	vistār
ausführlich (Adj)	विस्तृत	vistrt
ausführlich (Adv)	विस्तार से	vistār se
Tipp (m)	सुराग़ (m)	surāg
einen Tipp geben	सुराग़ देना	surāg dena
Blick (m)	नज़र (m)	nazar
anblicken (vt)	देखना	dekhana
starr (z.B. -en Blick)	स्थिर	sthir
blinzeln (mit den Augen)	झपकना	jhapakana
zwinkern (mit den Augen)	आँख मारना	ānkh mārana
nicken (vi)	सिर हिलाना	sir hilāna
Seufzer (m)	आह (f)	āh
aufseufzen (vi)	आह भरना	āh bharana
zusammenzucken (vi)	काँपना	kānpana
Geste (f)	इशारा (m)	ishāra
berühren (vt)	छू	chhūa
ergreifen (vt)	पकड़ना	pakarana
klopfen (vt)	थपथपाना	thapathapāna
Vorsicht!	ख़बरदार!	khabaradār!
Wirklich?	सचमुच?	sachamuch?
Sind Sie sicher?	क्या तुम्हें यक़ीन है?	kya tumhen yaqīn hai?
Viel Glück!	सफल हो!	safal ho!
Klar!	समझ आया!	samajh āya!
Schade!	अफ़सोस की बात है!	afasos kī bāt hai!

65. Zustimmung. Ablehnung

Einverständnis (n)	सहमति (f)	sahamati
zustimmen (vi)	राज़ी होना	rāzī hona
Billigung (f)	स्वीकृति (f)	svīkrti
billigen (vt)	स्वीकार करना	svīkār karana
Absage (f)	इन्कार (m)	inkār
sich weigern	इन्कार करना	inkār karana
Ausgezeichnet!	बहुत बढ़िया!	bahut barhiya!
Ganz recht!	अच्छा है!	achchha hai!

Gut! Okay!	ठीक!	thīk!
verboten (Adj)	वर्जित	varjit
Es ist verboten	मना है	mana hai
Es ist unmöglich	सम्भव नहीं	sambhav nahin
falsch	ग़लत	galat
ablehnen (vt)	अस्वीकार करना	asvīkār karana
unterstützen (vt)	समर्थन करना	samarthan karana
akzeptieren (vt)	स्वीकार करना	svīkār karana
bestätigen (vt)	पुष्टि करना	pushti karana
Bestätigung (f)	पुष्टि (f)	pushti
Erlaubnis (f)	अनुमति (f)	anumati
erlauben (vt)	अनुमति देना	anumati dena
Entscheidung (f)	फ़ैसला (m)	faisala
schweigen (nicht antworten)	चुप रहना	chup rahana
Bedingung (f)	हालत (m)	hālat
Ausrede (f)	बहाना (m)	bahāna
Lob (n)	प्रशंसा (m)	prashansa
loben (vt)	तारीफ़ करना	tārīf karana

66. Erfolg. Alles Gute. Misserfolg

Erfolg (m)	सफलता (f)	safalata
erfolgreich (Adv)	सफलतापूर्वक	safalatāpūrvak
erfolgreich (Adj)	सफल	safal
Glück (Glücksfall)	सौभाग्य (m)	saubhāgy
Viel Glück!	सफल हो!	safal ho!
Glücks- (z.B. -tag)	भाग्यशाली	bhāgyashālī
glücklich (Adj)	भाग्यशाली	bhāgyashālī
Misserfolg (m)	विफलता (f)	vifalata
Missgeschick (n)	नाकामयाबी (f)	nākāmayābī
Unglück (n)	दुर्भाग्य (m)	durbhāgy
missglückt (Adj)	असफल	asafal
Katastrophe (f)	दुर्घटना (f)	durghatana
Stolz (m)	गर्व (m)	garv
stolz	गर्व	garv
stolz sein	गर्व करना	garv karana
Sieger (m)	विजेता (m)	vijeta
siegen (vi)	जीतना	jītana
verlieren (Spiel usw.)	हार जाना	hār jāna
Versuch (m)	कोशिश (f)	koshish
versuchen (vt)	कोशिश करना	koshish karana
Chance (f)	मौक़ा (m)	mauqa

67. Streit. Negative Gefühle

| Schrei (m) | चिल्लाहट (f) | chillāhat |
| schreien (vi) | चिल्लाना | chillāna |

beginnen zu schreien	चीखना	chīkhana
Zank (m)	झगड़ा (m)	jhagara
sich zanken	झगड़ना	jhagarana
Riesenkrach (m)	झगड़ा (m)	jhagara
Krach haben	झगड़ना	jhagarana
Konflikt (m)	टकराव (m)	takarāv
Missverständnis (n)	ग़लतफ़हमी (m)	galatafahamī

Kränkung (f)	अपमान (m)	apamān
kränken (vt)	अपमान करना	apamān karana
gekränkt (Adj)	अपमानित	apamānit
Beleidigung (f)	द्वेष (f)	dvesh
beleidigen (vt)	नाराज़ करना	nārāz karana
sich beleidigt fühlen	बुरा मानना	bura mānana

Empörung (f)	क्रोध (m)	krodh
sich empören	ग़ुस्से में आना	gusse men āna
Klage (f)	शिकायत (f)	shikāyat
klagen (vi)	शिकायत करना	shikāyat karana

Entschuldigung (f)	माफ़ी (f)	māfī
sich entschuldigen	माफ़ी मांगना	māfī māngana
um Entschuldigung bitten	क्षमा मांगना	kshama māngana

Kritik (f)	आलोचना (f)	ālochana
kritisieren (vt)	आलोचना करना	ālochana karana
Anklage (f)	आरोप (m)	ārop
anklagen (vt)	आरोप लगाना	ārop lagāna

Rache (f)	बदला (m)	badala
rächen (vt)	बदला लेना	badala lena
sich rächen	बदला लेना	badala lena

Verachtung (f)	नफ़रत (m)	nafarat
verachten (vt)	नफ़रत करना	nafarat karana
Hass (m)	नफ़रत (m)	nafarat
hassen (vt)	नफ़रत करना	nafarat karana

nervös	घबराना	ghabarāna
nervös sein	घबराना	ghabarāna
verärgert	नाराज़	nārāz
ärgern (vt)	नाराज़ करना	nārāz karana

Erniedrigung (f)	बेइज़्ज़ती (f)	bezzatī
erniedrigen (vt)	निरादर करना	nirādar karana
sich erniedrigen	अपमान होना	apamān hona

| Schock (m) | हैरानी (f) | hairānī |
| schockieren (vt) | हैरान होना | hairān hona |

| Ärger (m) | परेशानियाँ (f) | pareshāniyān |
| unangenehm | अप्रिय | apriy |

Angst (f)	डर (f)	dar
furchtbar (z.B. -e Sturm)	भयानक	bhayānak
schrecklich	भयंकर	bhayankar

Entsetzen (n)	दहशत (f)	dahashat
entsetzlich	भयानक	bhayānak
weinen (vi)	रोना	rona
anfangen zu weinen	रोने लगना	rone lagana
Träne (f)	आँसु (f)	ānsu
Schuld (f)	ग़लती (f)	galatī
Schuldgefühl (n)	दोष का एहसास (m)	dosh ka ehasās
Schmach (f)	बदनामी (f)	badanāmī
Protest (m)	विरोध (m)	virodh
Stress (m)	तनाव (m)	tanāv
stören (vt)	परेशान करना	pareshān karana
sich ärgern	गुस्सा करना	gussa karana
ärgerlich	क्रोधित	krodhit
abbrechen (vi)	ख़त्म करना	khatm karana
schelten (vi)	कसम खाना	kasam khāna
erschrecken (vi)	डराना	darāna
schlagen (vt)	मारना	mārana
sich prügeln	झगड़ना	jhagarana
beilegen (Konflikt usw.)	सुलझाना	sulajhāna
unzufrieden	असंतुष्ट	asantusht
wütend	गुस्सा	gussa
Das ist nicht gut!	यह ठीक नहीं!	yah thīk nahin!
Das ist schlecht!	यह बुरा है!	yah bura hai!

Medizin

68. Krankheiten

Krankheit (f)	बीमारी (f)	bīmārī
krank sein	बीमार होना	bīmār hona
Gesundheit (f)	सेहत (f)	sehat
Schnupfen (m)	नज़ला (m)	nazala
Angina (f)	टॉन्सिल (m)	tonsil
Erkältung (f)	ज़ुकाम (f)	zukām
sich erkälten	ज़ुकाम हो जाना	zukām ho jāna
Bronchitis (f)	ब्रॉन्काइटिस (m)	bronkaitis
Lungenentzündung (f)	निमोनिया (f)	nimoniya
Grippe (f)	फ़्लू (m)	flū
kurzsichtig	कमबीन	kamabīn
weitsichtig	कमज़ोर दूरदृष्टि	kamazor dūradrshti
Schielen (n)	तिरछी नज़र (m)	tirachhī nazar
schielend (Adj)	तिरछी नज़रवाला	tirachhī nazaravāla
grauer Star (m)	मोतिया बिंद (m)	motiya bind
Glaukom (n)	काला मोतिया (m)	kāla motiya
Schlaganfall (m)	स्ट्रोक (m)	strok
Infarkt (m)	दिल का दौरा (m)	dil ka daura
Herzinfarkt (m)	मायोकार्डियल इन्फ़ाक्शन (m)	māyokārdiyal infārkshan
Lähmung (f)	लकवा (m)	lakava
lähmen (vt)	लक़वा मारना	laqava mārana
Allergie (f)	एलर्जी (f)	elarjī
Asthma (n)	दमा (f)	dama
Diabetes (m)	शूगर (f)	shūgar
Zahnschmerz (m)	दाँत दर्द (m)	dānt dard
Karies (f)	दाँत में कीड़ा (m)	dānt men kīra
Durchfall (m)	दस्त (m)	dast
Verstopfung (f)	कब्ज़ (m)	kabz
Magenverstimmung (f)	पेट ख़राब (m)	pet kharāb
Vergiftung (f)	ख़राब खाने से हुई बीमारी (f)	kharāb khāne se huī bīmārī
Vergiftung bekommen	ख़राब खाने से बीमार पड़ना	kharāb khāne se bīmār parana
Arthritis (f)	गठिया (m)	gathiya
Rachitis (f)	बालवक्र (m)	bālavakr
Rheumatismus (m)	आमवात (m)	āmavāt
Atherosklerose (f)	धमनीकलाकाठिन्य (m)	dhamanīkalākāthiny
Gastritis (f)	जठर-शोथ (m)	jathar-shoth
Blinddarmentzündung (f)	उण्डुक-शोथ (m)	unduk-shoth

| Cholezystitis (f) | पित्ताशय (m) | pittāshay |
| Geschwür (n) | अल्सर (m) | alsar |

Masern (pl)	मीज़ल्स (m)	mīzals
Röteln (pl)	जर्मन मीज़ल्स (m)	jarman mīzals
Gelbsucht (f)	पीलिया (m)	pīliya
Hepatitis (f)	हेपेटाइटिस (m)	hepetaitis

Schizophrenie (f)	शीज़ोफ्रेनीय (f)	shīzofrenīy
Tollwut (f)	रेबीज़ (m)	rebīz
Neurose (f)	न्यूरोसिस (m)	nyūrosis
Gehirnerschütterung (f)	आघात (m)	āghāt

Krebs (m)	कर्क रोग (m)	kark rog
Sklerose (f)	काठिन्य (m)	kāthiny
multiple Sklerose (f)	मल्टीपल स्क्लेरोसिस (m)	maltīpal sklerosis

Alkoholismus (m)	शराबीपन (m)	sharābīpan
Alkoholiker (m)	शराबी (m)	sharābī
Syphilis (f)	सीफ़िलिस (m)	sīfīlis
AIDS	ऐड्स (m)	aids

Tumor (m)	ट्यूमर (m)	tyūmar
bösartig	घातक	ghātak
gutartig	अर्बुद	arbud

Fieber (n)	बुखार (m)	bukhār
Malaria (f)	मलेरिया (f)	maleriya
Gangrän (f, n)	गैन्ग्रीन (m)	gaingrīn
Seekrankheit (f)	जहाज़ी मतली (f)	jahāzī matalī
Epilepsie (f)	मिरगी (f)	miragī

Epidemie (f)	महामारी (f)	mahāmārī
Typhus (m)	टाइफ़स (m)	taifas
Tuberkulose (f)	टीबी (m)	tībī
Cholera (f)	हैज़ा (f)	haiza
Pest (f)	प्लेग (f)	pleg

69. Symptome. Behandlungen. Teil 1

Symptom (n)	लक्षण (m)	lakshan
Temperatur (f)	तापमान (m)	tāpamān
Fieber (n)	बुखार (f)	bukhār
Puls (m)	नब्ज़ (f)	nabz

Schwindel (m)	सिर का चक्कर (m)	sir ka chakkar
heiß (Stirne usw.)	गरम	garam
Schüttelfrost (m)	कंपकंपी (f)	kampakampī
blass (z.B. -es Gesicht)	पीला	pīla

Husten (m)	खाँसी (f)	khānsī
husten (vi)	खाँसना	khānsana
niesen (vi)	छींकना	chhīnkana
Ohnmacht (f)	बेहोशी (f)	behoshī

ohnmächtig werden	बेहोश होना	behosh hona
blauer Fleck (m)	नील (m)	nīl
Beule (f)	गुमड़ा (m)	gumara
sich stoßen	चोट लगना	chot lagana
Prellung (f)	चोट (f)	chot
sich stoßen	घाव लगना	ghāv lagana
hinken (vi)	लँगड़ाना	langarāna
Verrenkung (f)	हड्डी खिसकना (f)	haddī khisakana
ausrenken (vt)	हड्डी खिसकना	haddī khisakana
Fraktur (f)	हड्डी टूट जाना (f)	haddī tūt jāna
brechen (Arm usw.)	हड्डी टूट जाना	haddī tūt jāna
Schnittwunde (f)	कट जाना (m)	kat jāna
sich schneiden	खुद को काट लेना	khud ko kāt lena
Blutung (f)	रक्त-स्राव (m)	rakt-srāv
Verbrennung (f)	जला होना	jala hona
sich verbrennen	जल जाना	jal jāna
stechen (vt)	चुभाना	chubhāna
sich stechen	खुद को चुभाना	khud ko chubhāna
verletzen (vt)	घायल करना	ghāyal karana
Verletzung (f)	चोट (f)	chot
Wunde (f)	घाव (m)	ghāv
Trauma (n)	चोट (f)	chot
irrereden (vi)	बेहोशी में बड़बड़ाना	behoshī men barabadāna
stottern (vi)	हकलाना	hakalāna
Sonnenstich (m)	धूप आघात (m)	dhūp āghāt

70. Symptome. Behandlungen. Teil 2

Schmerz (m)	दर्द (f)	dard
Splitter (m)	चुभ जाना (m)	chubh jāna
Schweiß (m)	पसीना (f)	pasīna
schwitzen (vi)	पसीना निकलना	pasīna nikalana
Erbrechen (n)	वमन (m)	vaman
Krämpfe (pl)	दौरा (m)	daura
schwanger	गर्भवती	garbhavatī
geboren sein	जन्म लेना	janm lena
Geburt (f)	पैदा करना (m)	paida karana
gebären (vt)	पैदा करना	paida karana
Abtreibung (f)	गर्भपात (m)	garbhapāt
Atem (m)	साँस (f)	sāns
Atemzug (m)	साँस अंदर खींचना (f)	sāns andar khīnchana
Ausatmung (f)	साँस बाहर छोड़ना (f)	sāns bāhar chhorana
ausatmen (vt)	साँस बाहर छोड़ना	sāns bāhar chhorana
einatmen (vt)	साँस अंदर खींचना	sāns andar khīnchana
Invalide (m)	अपाहिज (m)	apāhij
Krüppel (m)	लूला (m)	lūla

Drogenabhängiger (m)	नशेबाज़ (m)	nashebāz
taub	बहरा	bahara
stumm	गूँगा	gūnga
taubstumm	बहरा और गूँगा	bahara aur gūnga

verrückt (Adj)	पागल	pāgal
Irre (m)	पगला (m)	pagala
Irre (f)	पगली (f)	pagalī
den Verstand verlieren	पागल हो जाना	pāgal ho jāna

Gen (n)	वंशाणु (m)	vanshānu
Immunität (f)	रोग प्रतिरोधक शक्ति (f)	rog pratirodhak shakti
erblich	जन्मजात	janmajāt
angeboren	पैदाइशी	paidaishī

Virus (m, n)	विषाणु (m)	vishānu
Mikrobe (f)	कीटाणु (m)	kītānu
Bakterie (f)	जीवाणु (m)	jīvānu
Infektion (f)	संक्रमण (m)	sankraman

71. Symptome. Behandlungen. Teil 3

| Krankenhaus (n) | अस्पताल (m) | aspatāl |
| Patient (m) | मरीज़ (m) | marīz |

Diagnose (f)	रोग-निर्णय (m)	rog-nirnay
Heilung (f)	इलाज (m)	ilāj
Behandlung (f)	चिकित्सीय उपचार (m)	chikitsīy upachār
Behandlung bekommen	इलाज कराना	ilāj karāna
behandeln (vt)	इलाज करना	ilāj karana
pflegen (Kranke)	देखभाल करना	dekhabhāl karana
Pflege (f)	देखभाल (f)	dekhabhāl

Operation (f)	ऑपरेशन (m)	opareshan
verbinden (vt)	पट्टी बाँधना	pattī bāndhana
Verband (m)	पट्टी (f)	pattī

Impfung (f)	टीका (m)	tīka
impfen (vt)	टीका लगाना	tīka lagāna
Spritze (f)	इंजेक्शन (m)	injekshan
eine Spritze geben	इंजेक्शन लगाना	injekshan lagāna

Amputation (f)	अंगविच्छेद (f)	angavichchhed
amputieren (vt)	अंगविच्छेद करना	angavichchhed karana
Koma (n)	कोमा (m)	koma
im Koma liegen	कोमा में चले जाना	koma men chale jāna
Reanimation (f)	गहन चिकित्सा (f)	gahan chikitsa

genesen von ... (vi)	ठीक हो जाना	thīk ho jāna
Zustand (m)	हालत (m)	hālat
Bewusstsein (n)	होश (m)	hosh
Gedächtnis (n)	याददाश्त (f)	yādadāsht
ziehen (einen Zahn ~)	दाँत निकालना	dānt nikālana
Plombe (f)	भराव (m)	bharāv

plombieren (vt)	दाँत को भरना	dānt ko bharana
Hypnose (f)	हिपनोसिस (m)	hipanosis
hypnotisieren (vt)	हिपनोटाइज़ करना	hipanotaiz karana

72. Ärzte

Arzt (m)	डॉक्टर (m)	doktar
Krankenschwester (f)	नर्स (m)	nars
Privatarzt (m)	निजी डॉक्टर (m)	nijī doktar

Zahnarzt (m)	दंत-चिकित्सक (m)	dant-chikitsak
Augenarzt (m)	आँखों का डॉक्टर (m)	ānkhon ka doktar
Internist (m)	चिकित्सक (m)	chikitsak
Chirurg (m)	शल्य-चिकित्सक (m)	shaly-chikitsak

Psychiater (m)	मनोरोग चिकित्सक (m)	manorog chikitsak
Kinderarzt (m)	बाल-चिकित्सक (m)	bāl-chikitsak
Psychologe (m)	मनोवैज्ञानिक (m)	manovaigyānik
Frauenarzt (m)	प्रसूतिशास्री (f)	prasūtishāsrī
Kardiologe (m)	हृदय रोग विशेषज्ञ (m)	hrday rog visheshagy

73. Medizin. Medikamente. Accessoires

Arznei (f)	दवा (f)	dava
Heilmittel (n)	दवाई (f)	davaī
verschreiben (vt)	नुस्ख़ा लिखना	nusakha likhana
Rezept (n)	नुस्ख़ा (m)	nusakha

Tablette (f)	गोली (f)	golī
Salbe (f)	मरहम (m)	maraham
Ampulle (f)	एम्प्यूल (m)	empyūl
Mixtur (f)	सिरप (m)	sirap
Sirup (m)	शरबत (m)	sharabat
Pille (f)	गोली (f)	golī
Pulver (n)	चूरन (m)	chūran

Verband (m)	पट्टी (f)	pattī
Watte (f)	रूई का गोला (m)	rūī ka gola
Jod (n)	आयोडीन (m)	āyodīn
Pflaster (n)	बैंड-एड (m)	baind-ed
Pipette (f)	आई-ड्रॉपर (m)	āī-dropar
Thermometer (n)	थरमामीटर (m)	tharamāmītar
Spritze (f)	इंजेक्शन (m)	injekshan

| Rollstuhl (m) | व्हीलचेयर (f) | vhīlacheyar |
| Krücken (pl) | बैसाखी (m pl) | baisākhī |

Betäubungsmittel (n)	दर्द-निवारक (f)	dard-nivārak
Abführmittel (n)	जुलाब की गोली (f)	julāb kī golī
Spiritus (m)	स्पिरिट (m)	spirit
Heilkraut (n)	जड़ी-बूटी (f)	jarī-būtī
Kräuter- (z.B. Kräutertee)	जड़ी-बूटियों से बना	jarī-būtiyon se bana

74. Rauchen. Tabakwaren

Tabak (m)	तम्बाकू (m)	tambākū
Zigarette (f)	सिगरेट (m)	sigaret
Zigarre (f)	सिगार (m)	sigār
Pfeife (f)	पाइप (f)	paip
Packung (f)	पैक (m)	paik
Streichhölzer (pl)	माचिस (f pl)	māchis
Streichholzschachtel (f)	माचिस का डिब्बा (m)	māchis ka dibba
Feuerzeug (n)	लाइटर (f)	laitar
Aschenbecher (m)	राखदानी (f)	rākhadānī
Zigarettenetui (n)	सिगरेट केस (m)	sigaret kes
Mundstück (n)	सिगरेट होलडर (m)	sigaret holadar
Filter (n)	फ़िल्टर (m)	filtar
rauchen (vi, vt)	धूम्रपान करना	dhumrapān karana
anrauchen (vt)	सिगरेट जलाना	sigaret jalāna
Rauchen (n)	धूम्रपान (m)	dhumrapān
Raucher (m)	धूम्रपान करने वाला (m)	dhūmrapān karane vāla
Stummel (m)	सिगरेट का बचा हुआ टुकड़ा (m)	sigaret ka bacha hua tukara
Rauch (m)	सिगरेट का धुँआ (m)	sigaret ka dhuna
Asche (f)	राख (m)	rākh

LEBENSRAUM DES MENSCHEN

Stadt

75. Stadt. Leben in der Stadt

Stadt (f)	नगर (m)	nagar
Hauptstadt (f)	राजधानी (f)	rājadhānī
Dorf (n)	गांव (m)	gānv
Stadtplan (m)	नगर का नक्शा (m)	nagar ka naksha
Stadtzentrum (n)	नगर का केन्द्र (m)	nagar ka kendr
Vorort (m)	उपनगर (m)	upanagar
Vorort-	उपनगरिक	upanagarik
Stadtrand (m)	बाहरी इलाका (m)	bāharī ilāka
Umgebung (f)	इर्दगिर्द के इलाके (m pl)	irdagird ke ilāke
Stadtviertel (n)	सेक्टर (m)	sektar
Wohnblock (m)	मुहल्ला (m)	muhalla
Straßenverkehr (m)	यातायात (f)	yātāyāt
Ampel (f)	यातायात सिग्नल (m)	yātāyāt signal
Stadtverkehr (m)	जन परिवहन (m)	jan parivahan
Straßenkreuzung (f)	चौराहा (m)	chaurāha
Übergang (m)	ज़ेबरा क्रॉसिंग (f)	zebara krosing
Fußgängerunterführung (f)	पैदल यात्रियों के लिए अंडरपास (f)	paidal yātriyon ke lie andarapās
überqueren (vt)	सड़क पार करना	sarak pār karana
Fußgänger (m)	पैदल-यात्री (m)	paidal-yātrī
Gehweg (m)	फुटपाथ (m)	futapāth
Brücke (f)	पुल (m)	pul
Kai (m)	तट (m)	tat
Springbrunnen (m)	फौवारा (m)	fauvāra
Allee (f)	छायापथ (f)	chhāyāpath
Park (m)	पार्क (m)	pārk
Boulevard (m)	चौड़ी सड़क (m)	chaurī sarak
Platz (m)	मैदान (m)	maidān
Avenue (f)	मार्ग (m)	mārg
Straße (f)	सड़क (f)	sarak
Gasse (f)	गली (f)	galī
Sackgasse (f)	बंद गली (f)	band galī
Haus (n)	मकान (m)	makān
Gebäude (n)	इमारत (f)	imārat
Wolkenkratzer (m)	गगनचुंबी भवन (f)	gaganachumbī bhavan
Fassade (f)	अगवाड़ा (m)	agavāra

Dach (n)	छत (f)	chhat
Fenster (n)	खिड़की (f)	khirakī
Bogen (m)	मेहराब (m)	meharāb
Säule (f)	स्तंभ (m)	stambh
Ecke (f)	कोना (m)	kona

Schaufenster (n)	दुकान का शो-केस (m)	dukān ka sho-kes
Firmenschild (n)	साईनबोर्ड (m)	saīnabord
Anschlag (m)	पोस्टर (m)	postar
Werbeposter (m)	विज्ञापन पोस्टर (m)	vigyāpan postar
Werbeschild (n)	बिलबोर्ड (m)	bilabord

Müll (m)	कूड़ा (m)	kūra
Mülleimer (m)	कूड़े का डिब्बा (m)	kūre ka dibba
Abfall wegwerfen	कूड़ा-कर्कट डालना	kūra-karkat dālana
Mülldeponie (f)	डंम्पिंग ग्राउंड (m)	damping graund

Telefonzelle (f)	फ़ोन बूथ (m)	fon būth
Straßenlaterne (f)	बिजली का खंभा (m)	bijalī ka khambha
Bank (Park-)	पार्क-बेंच (f)	pārk-bench

Polizist (m)	पुलिसवाला (m)	pulisavāla
Polizei (f)	पुलिस (m)	pulis
Bettler (m)	भिखारी (m)	bhikhārī
Obdachlose (m)	बेघर (m)	beghar

76. Innerstädtische Einrichtungen

Laden (m)	दुकान (f)	dukān
Apotheke (f)	दवाख़ाना (m)	davākhāna
Optik (f)	चश्मे की दुकान (f)	chashme kī dukān
Einkaufszentrum (n)	शॉपिंग मॉल (m)	shoping mol
Supermarkt (m)	सुपर बाज़ार (m)	supar bāzār

Bäckerei (f)	बेकरी (f)	bekarī
Bäcker (m)	बेकर (m)	bekar
Konditorei (f)	टॉफ़ी की दुकान (f)	tofī kī dukān
Lebensmittelladen (m)	परचून की दुकान (f)	parachūn kī dukān
Metzgerei (f)	गोश्त की दुकान (f)	gosht kī dukān

| Gemüseladen (m) | सब्जियों की दुकान (f) | sabziyon kī dukān |
| Markt (m) | बाज़ार (m) | bāzār |

Kaffeehaus (n)	काफ़ी हाउस (m)	kāfī haus
Restaurant (n)	रेस्टराँ (m)	restarān
Bierstube (f)	शराबख़ाना (m)	sharābakhāna
Pizzeria (f)	पिट्ज़ा की दुकान (f)	pitza kī dukān

Friseursalon (m)	नाई की दुकान (f)	naī kī dukān
Post (f)	डाकघर (m)	dākaghar
chemische Reinigung (f)	ड्राइक्लीनर (m)	draiklīnar
Fotostudio (n)	फ़ोटो की दुकान (f)	foto kī dukān
Schuhgeschäft (n)	जूते की दुकान (f)	jūte kī dukān
Buchhandlung (f)	किताबों की दुकान (f)	kitābon kī dukān

Sportgeschäft (n)	खेलकूद की दुकान (f)	khelakūd kī dukān
Kleiderreparatur (f)	कपड़ों की मरम्मत	kaparon kī marammat
	की दुकान (f)	kī dukān
Bekleidungsverleih (m)	कपड़ों को किराए	kaparon ko kirae
	पर देने की दुकान (f)	par dene kī dukān
Videothek (f)	वीडियो रेन्टल दुकान (f)	vīdiyo rental dukān

Zirkus (m)	सर्कस (m)	sarkas
Zoo (m)	चिड़ियाघर (m)	chiriyāghar
Kino (n)	सिनेमाघर (m)	sinemāghar
Museum (n)	संग्रहालय (m)	sangrahālay
Bibliothek (f)	पुस्तकालय (m)	pustakālay

Theater (n)	रंगमंच (m)	rangamanch
Opernhaus (n)	ओपेरा (m)	opera
Nachtklub (m)	नाईट क्लब (m)	naīt klab
Kasino (n)	केसिनो (m)	kesino

Moschee (f)	मस्जिद (m)	masjid
Synagoge (f)	सीनागोग (m)	sīnāgog
Kathedrale (f)	गिरजाघर (m)	girajāghar
Tempel (m)	मंदिर (m)	mandir
Kirche (f)	गिरजाघर (m)	girajāghar

Institut (n)	कॉलेज (m)	kolej
Universität (f)	विश्वविद्यालय (m)	vishvavidyālay
Schule (f)	विद्यालय (m)	vidyālay

Präfektur (f)	प्रशासक प्रान्त (m)	prashāsak prānt
Rathaus (n)	सिटी हॉल (m)	sitī hol
Hotel (n)	होटल (f)	hotal
Bank (f)	बैंक (m)	baink

Botschaft (f)	दूतावस (m)	dūtāvas
Reisebüro (n)	पर्यटन आफिस (m)	paryatan āfis
Informationsbüro (n)	पूछताछ कार्यालय (m)	pūchhatāchh kāryālay
Wechselstube (f)	मुद्रालय (m)	mudrālay

| U-Bahn (f) | मेट्रो (m) | metro |
| Krankenhaus (n) | अस्पताल (m) | aspatāl |

| Tankstelle (f) | पेट्रोल पम्प (f) | petrol pamp |
| Parkplatz (m) | पार्किंग (f) | pārking |

77. Innerstädtischer Transport

Bus (m)	बस (f)	bas
Straßenbahn (f)	ट्रैम (m)	traim
Obus (m)	ट्रॉलीबस (f)	trolības
Linie (f)	मार्ग (m)	mārg
Nummer (f)	नम्बर (m)	nambar

| mit ... fahren | के माध्यम से जाना | ke mādhyam se jāna |
| einsteigen (vi) | सवार होना | savār hona |

aussteigen (aus dem Bus)	उतरना	utarana
Haltestelle (f)	बस स्टॉप (m)	bas stop
nächste Haltestelle (f)	अगला स्टॉप (m)	agala stop
Endhaltestelle (f)	अंतिम स्टेशन (m)	antim steshan
Fahrplan (m)	समय सारणी (f)	samay sāranī
warten (vi, vt)	इंतज़ार करना	intazār karana
Fahrkarte (f)	टिकट (m)	tikat
Fahrpreis (m)	टिकट का किराया (m)	tikat ka kirāya
Kassierer (m)	कैशियर (m)	kaishiyar
Fahrkartenkontrolle (f)	टिकट जाँच (f)	tikat jānch
Fahrkartenkontrolleur (m)	कंडक्टर (m)	kandaktar
sich verspäten	देर हो जाना	der ho jāna
versäumen (Zug usw.)	छूट जाना	chhūt jāna
sich beeilen	जल्दी में रहना	jaldī men rahana
Taxi (n)	टैक्सी (m)	taiksī
Taxifahrer (m)	टैक्सीवाला (m)	taiksīvāla
mit dem Taxi	टैक्सी से (m)	taiksī se
Taxistand (m)	टैक्सी स्टैंड (m)	taiksī staind
ein Taxi rufen	टैक्सी बुलाना	taiksī bulāna
ein Taxi nehmen	टैक्सी लेना	taiksī lena
Straßenverkehr (m)	यातायात (f)	yātāyāt
Stau (m)	ट्रैफ़िक जाम (m)	traifik jām
Hauptverkehrszeit (f)	भीड़ का समय (m)	bhīr ka samay
parken (vi)	पार्क करना	pārk karana
parken (vt)	पार्क करना	pārk karana
Parkplatz (m)	पार्किंग (f)	pārking
U-Bahn (f)	मेट्रो (m)	metro
Station (f)	स्टेशन (m)	steshan
mit der U-Bahn fahren	मेट्रो लेना	metro lena
Zug (m)	रेलगाड़ी, ट्रेन (f)	relagārī, tren
Bahnhof (m)	स्टेशन (m)	steshan

78. Sehenswürdigkeiten

Denkmal (n)	स्मारक (m)	smārak
Festung (f)	किला (m)	kila
Palast (m)	भवन (m)	bhavan
Schloss (n)	महल (m)	mahal
Turm (m)	मीनार (m)	mīnār
Mausoleum (n)	समाधि (f)	samādhi
Architektur (f)	वस्तुशाला (m)	vastushāla
mittelalterlich	मध्ययुगीय	madhayayugīy
alt (antik)	प्राचीन	prāchīn
national	राष्ट्रीय	rāshtrīy
berühmt	मशहूर	mashhūr
Tourist (m)	पर्यटक (m)	paryatak
Fremdenführer (m)	गाइड (m)	gaid

Ausflug (m)	पर्यटन यात्रा (m)	paryatan yātra
zeigen (vt)	दिखाना	dikhāna
erzählen (vt)	बताना	batāna

finden (vt)	ढूँढना	dhūnrhana
sich verlieren	खो जाना	kho jāna
Karte (U-Bahn ~)	नक्शा (m)	naksha
Karte (Stadt-)	नक्शा (m)	naksha

Souvenir (n)	यादगार (m)	yādagār
Souvenirladen (m)	गिफ्ट शॉप (f)	gift shop
fotografieren (vt)	फोटो खींचना	foto khīnchana
sich fotografieren	अपना फ़ोटो खिंचवाना	apana foto khinchavāna

79. Shopping

kaufen (vt)	खरीदना	kharīdana
Einkauf (m)	खरीदारी (f)	kharīdārī
einkaufen gehen	खरीदारी करने जाना	kharīdārī karane jāna
Einkaufen (n)	खरीदारी (f)	kharīdārī

offen sein (Laden)	खुला होना	khula hona
zu sein	बन्द होना	band hona

Schuhe (pl)	जूता (m)	jūta
Kleidung (f)	पोशाक (m)	poshāk
Kosmetik (f)	श्रृंगार-सामग्री (f)	shrrngār-sāmagrī
Lebensmittel (pl)	खाने-पीने की चीज़ें (f pl)	khāne-pīne kī chīzen
Geschenk (n)	उपहार (m)	upahār

Verkäufer (m)	बेचनेवाला (m)	bechanevāla
Verkäuferin (f)	बेचनेवाली (f)	bechanevālī

Kasse (f)	कैश-काउन्टर (m)	kaish-kauntar
Spiegel (m)	आईना (m)	āīna
Ladentisch (m)	काउन्टर (m)	kauntar
Umkleidekabine (f)	ट्राई करने का कमरा (m)	traī karane ka kamara

anprobieren (vt)	ट्राई करना	traī karana
passen (Schuhe, Kleid)	फिटिंग करना	fiting karana
gefallen (vi)	पसंद करना	pasand karana

Preis (m)	दाम (m)	dām
Preisschild (n)	प्राइस टैग (m)	prais taig
kosten (vt)	दाम होना	dām hona
Wie viel?	कितना?	kitana?
Rabatt (m)	डिस्काउन्ट (m)	diskaunt

preiswert	सस्ता	sasta
billig	सस्ता	sasta
teuer	महंगा	mahanga
Das ist teuer	यह महंगा है	yah mahanga hai
Verleih (m)	रेन्टल (m)	rental
leihen, mieten (ein Auto usw.)	किराए पर लेना	kirae par lena

| Kredit (m), Darlehen (n) | क्रेडिट (m) | kredit |
| auf Kredit | क्रेडिट पर | kredit par |

80. Geld

Geld (n)	पैसा (m pl)	paisa
Austausch (m)	मुद्रा विनिमय (m)	mudra vinimay
Kurs (m)	विनिमय दर (m)	vinimay dar
Geldautomat (m)	एटीएम (m)	etīem
Münze (f)	सिक्का (m)	sikka

| Dollar (m) | डॉलर (m) | dolar |
| Euro (m) | यूरो (m) | yūro |

Lira (f)	लीरा (f)	līra
Mark (f)	डचमार्क (m)	dachamārk
Franken (m)	फ़्रांक (m)	frānk
Pfund Sterling (n)	पाउन्ड स्टरलिंग (m)	paund staraling
Yen (m)	येन (m)	yen

Schulden (pl)	कर्ज़ (m)	karz
Schuldner (m)	कर्ज़दार (m)	qarzadār
leihen (vt)	कर्ज़ देना	karz dena
leihen, borgen (Geld usw.)	कर्ज़ लेना	karz lena

Bank (f)	बैंक (m)	baink
Konto (n)	बैंक खाता (m)	baink khāta
auf ein Konto einzahlen	बैंक खाते में जमा करना	baink khāte men jama karana
abheben (vt)	खाते से पैसे निकालना	khāte se paise nikālana

Kreditkarte (f)	क्रेडिट कार्ड (m)	kredit kārd
Bargeld (n)	कैश (m pl)	kaish
Scheck (m)	चेक (m)	chek
einen Scheck schreiben	चेक लिखना	chek likhana
Scheckbuch (n)	चेकबुक (f)	chekabuk

Geldtasche (f)	बटुआ (m)	batua
Geldbeutel (m)	बटुआ (m)	batua
Safe (m)	लॉकर (m)	lokar

Erbe (m)	उत्तराधिकारी (m)	uttarādhikārī
Erbschaft (f)	उत्तराधिकार (m)	uttarādhikār
Vermögen (n)	संपत्ति (f)	sampatti

Pacht (f)	किराये पर देना (m)	kirāye par dena
Miete (f)	किराया (m)	kirāya
mieten (vt)	किराए पर लेना	kirae par lena

Preis (m)	दाम (m)	dām
Kosten (pl)	कीमत (f)	kīmat
Summe (f)	रक़म (m)	raqam

| ausgeben (vt) | खर्च करना | kharch karana |
| Ausgaben (pl) | खर्च (m pl) | kharch |

sparen (vt)	बचत करना	bachat karana
sparsam	किफ़ायती	kifāyatī

zahlen (vt)	दाम चुकाना	dām chukāna
Lohn (m)	भुगतान (m)	bhugatān
Wechselgeld (n)	चिल्लर (m)	chillar

Steuer (f)	टैक्स (m)	taiks
Geldstrafe (f)	जुर्माना (m)	jurmāna
bestrafen (vt)	जुर्माना लगाना	jurmāna lagāna

81. Post. Postdienst

Post (Postamt)	डाकघर (m)	dākaghar
Post (Postsendungen)	डाक (m)	dāk
Briefträger (m)	डाकिया (m)	dākiya
Öffnungszeiten (pl)	खुलने का समय (m)	khulane ka samay

Brief (m)	पत्र (m)	patr
Einschreibebrief (m)	रजिस्टरी पत्र (m)	rajistarī patr
Postkarte (f)	पोस्ट कार्ड (m)	post kārd
Telegramm (n)	तार (m)	tār
Postpaket (n)	पार्सल (f)	pārsal
Geldanweisung (f)	मनी ट्रांसफर (m)	manī trānsafar

bekommen (vt)	पाना	pāna
abschicken (vt)	भेजना	bhejana
Absendung (f)	भेज (m)	bhej

Postanschrift (f)	पता (m)	pata
Postleitzahl (f)	पिन कोड (m)	pin kod
Absender (m)	भेजनेवाला (m)	bhejanevāla
Empfänger (m)	पानेवाला (m)	pānevāla

Vorname (m)	पहला नाम (m)	pahala nām
Nachname (m)	उपनाम (m)	upanām

Tarif (m)	डाक दर (m)	dāk dar
Standard- (Tarif)	मानक	mānak
Spar- (-tarif)	किफ़ायती	kifāyatī

Gewicht (n)	वज़न (m)	vazan
abwiegen (vt)	तोलना	tolana
Briefumschlag (m)	लिफ़ाफ़ा (m)	lifāfa
Briefmarke (f)	डाक टिकट (m)	dāk tikat
Briefmarke aufkleben	डाक टिकट लगाना	dāk tikat lagāna

Wohnung. Haus. Zuhause

82. Haus. Wohnen

Haus (n)	मकान (m)	makān
zu Hause	घर पर	ghar par
Hof (m)	आंगन (m)	āngan
Zaun (m)	बाड़ (f)	bār
Ziegel (m)	ईंट (f)	īnt
Ziegel-	ईंट का	īnt ka
Stein (m)	पत्थर (m)	patthar
Stein-	पत्थरीला	pattharīla
Beton (m)	कंक्रीट (m)	kankrīt
Beton-	कंक्रीट का	kankrīt ka
neu	नया	naya
alt	पुराना	purāna
baufällig	टूटा-फूटा	tūta-fūta
modern	आधुनिक	ādhunik
mehrstöckig	बहुमंज़िला	bahumanzila
hoch	ऊँचा	ūncha
Stock (m)	मंज़िल (f)	manzil
einstöckig	एकमंज़िला	ekamanzila
Erdgeschoß (n)	पहली मंज़िल (f)	pahalī manzil
oberster Stock (m)	ऊपरी मंज़िल (f)	ūparī manzil
Dach (n)	छत (f)	chhat
Schlot (m)	चिमनी (f)	chimanī
Dachziegel (m)	खपड़ा (m)	khapara
Dachziegel-	टाइल का बना	tail ka bana
Dachboden (m)	अटारी (f)	atārī
Fenster (n)	खिड़की (f)	khirakī
Glas (n)	कांच (f)	kānch
Fensterbrett (n)	विन्डो सिल (m)	vindo sil
Fensterläden (pl)	शट्टर (m)	shattar
Wand (f)	दीवार (f)	dīvār
Balkon (m)	बाल्कनी (f)	bālkanī
Regenfallrohr (n)	जल निकास पाइप (f)	jal nikās paip
nach oben	ऊपर	ūpar
hinaufgehen (vi)	ऊपर जाना	ūpar jāna
herabsteigen (vi)	नीचे उतरना	nīche utarana
umziehen (vi)	घर बदलना	ghar badalana

83. Haus. Eingang. Lift

Eingang (m)	प्रवेश-द्वार (m)	pravesh-dvār
Treppe (f)	सीढ़ी (f)	sīrhī
Stufen (pl)	सीढ़ी (f)	sīrhī
Geländer (n)	रेलिंग (f pl)	reling
Halle (f)	हॉल (m)	hol
Briefkasten (m)	लेटर बॉक्स (m)	letar boks
Müllkasten (m)	कचरे का डब्बा (m)	kachare ka dabba
Müllschlucker (m)	कचरे का श्यूट (m)	kachare ka shyūt
Aufzug (m)	लिफ़्ट (m)	lift
Lastenaufzug (m)	लिफ़्ट (m)	lift
Aufzugkabine (f)	लिफ़्ट (f)	lift
Aufzug nehmen	लिफ़्ट से जाना	lift se jāna
Wohnung (f)	फ़्लैट (f)	flait
Mieter (pl)	निवासी (m)	nivāsī
Nachbar (m)	पड़ोसी (m)	parosī
Nachbarin (f)	पड़ोसन (f)	parosan
Nachbarn (pl)	पड़ोसी (m pl)	parosī

84. Haus. Türen. Schlösser

Tür (f)	दरवाज़ा (m)	daravāza
Tor (der Villa usw.)	फाटक (m)	fātak
Griff (m)	हत्था (m)	hattha
aufschließen (vt)	खोलना	kholana
öffnen (vt)	खोलना	kholana
schließen (vt)	बंद करना	band karana
Schlüssel (m)	चाबी (f)	chābī
Bündel (n)	चाबियों का गुच्छा (m)	chābiyon ka guchchha
knarren (vi)	चरमराना	charamarāna
Knarren (n)	चरमराने की आवाज़ (m)	charamarāne kī āvāz
Türscharnier (n)	क़ब्ज़ा (m)	qabza
Fußmatte (f)	पायदान (m)	pāyadān
Schloss (n)	ताला (m)	tāla
Schlüsselloch (n)	ताला (m)	tāla
Türriegel (m)	अर्गला (f)	argala
kleiner Türriegel (m)	अर्गला (f)	argala
Vorhängeschloss (n)	ताला (m)	tāla
klingeln (vi)	बजाना	bajāna
Klingel (Laut)	घंटी (f)	ghantī
Türklingel (f)	घंटी (f)	ghantī
Knopf (m)	घंटी (f)	ghantī
Klopfen (n)	खटखट (f)	khatakhat
anklopfen (vi)	खटखटाना	khatakhatāna

Code (m)	कोड (m)	kod
Zahlenschloss (n)	कॉम्बिनेशन लॉक (m)	kombineshan lok
Sprechanlage (f)	इंटरकॉम (m)	intarakom
Nummer (f)	मकान नम्बर (m)	makān nambar
Türschild (n)	नेम प्लेट (f)	nem plet
Türspion (m)	पीप होल (m)	pīp hol

85. Landhaus

Dorf (n)	गांव (m)	gānv
Gemüsegarten (m)	सब्जियों का बगीचा (m)	sabziyon ka bagīcha
Zaun (m)	बाड़ा (m)	bāra
Lattenzaun (m)	बाड़ (f)	bār
Zauntür (f)	छोटा फाटक (m)	chhota fātak

Speicher (m)	अनाज का गोदाम (m)	anāj ka godām
Keller (m)	सब्जियों का गोदाम (m)	sabziyon ka godām
Schuppen (m)	शेड (m)	shed
Brunnen (m)	कुआँ (m)	kuān

Ofen (m)	चूल्हा (m)	chūlha
heizen (Ofen ~)	चूल्हा जलाना	chūlaha jalāna
Holz (n)	लकड़ियां (f pl)	lakariyān
Holzscheit (n)	लकड़ी (f)	lakarī

Veranda (f)	बराम्दा (f)	barāmda
Terrasse (f)	छत (f)	chhat
Außentreppe (f)	पोर्च (m)	porch
Schaukel (f)	झूले वाली कुर्सी (f)	jhūle vālī kursī

86. Burg. Palast

Schloss (n)	महल (m)	mahal
Palast (m)	भवन (m)	bhavan
Festung (f)	किला (m)	kila

Mauer (f)	दीवार (f)	dīvār
Turm (m)	मीनार (m)	mīnār
Bergfried (m)	केन्द्रीय मीनार (m)	kendrīy mīnār

Fallgatter (n)	आरोहण द्वार (m)	ārohan dvār
Tunnel (n)	भूमिगत सुरंग (m)	bhūmigat surang
Graben (m)	खाई (f)	khaī

| Kette (f) | जंजीर (f) | janjīr |
| Schießscharte (f) | ऐरो लूप (m) | airo lūp |

| großartig, prächtig | शानदार | shānadār |
| majestätisch | महिमामय | mahimāmay |

| unnahbar | अभेद्य | abhedy |
| mittelalterlich | मध्ययुगीय | madhayayugīy |

87. Wohnung

Wohnung (f)	फ़्लैट (f)	flait
Zimmer (n)	कमरा (m)	kamara
Schlafzimmer (n)	सोने का कमरा (m)	sone ka kamara
Esszimmer (n)	खाने का कमरा (m)	khāne ka kamara
Wohnzimmer (n)	बैठक (f)	baithak
Arbeitszimmer (n)	घरेलू कार्यालय (m)	gharelū kāryālay
Vorzimmer (n)	प्रवेश कक्ष (m)	pravesh kaksh
Badezimmer (n)	स्नानघर (m)	snānaghar
Toilette (f)	शौचालय (m)	shauchālay
Decke (f)	छत (f)	chhat
Fußboden (m)	फ़र्श (m)	farsh
Ecke (f)	कोना (m)	kona

88. Wohnung. Saubermachen

aufräumen (vt)	साफ़ करना	sāf karana
weglegen (vt)	रख देना	rakh dena
Staub (m)	धूल (m)	dhūl
staubig	धूसर	dhūsar
Staub abwischen	धूल पोंछना	dhūl ponchhana
Staubsauger (m)	वैक्युम क्लीनर (m)	vaikyum klīnar
Staub saugen	वैक्यूम करना	vaikyūm karana
kehren, fegen (vt)	झाड़ू लगाना	jhārū lagāna
Kehricht (m, n)	कूड़ा (m)	kūra
Ordnung (f)	तरतीब (m)	taratīb
Unordnung (f)	बेतरतीब (f)	betaratīb
Schrubber (m)	पोंछा (m)	ponchha
Lappen (m)	डस्टर (m)	dastar
Besen (m)	झाड़ू (m)	jhārū
Kehrichtschaufel (f)	कूड़ा उठाने का तसला (m)	kūra uthāne ka tasala

89. Möbel. Innenausstattung

Möbel (n)	फ़र्निचर (m)	farnichar
Tisch (m)	मेज़ (f)	mez
Stuhl (m)	कुर्सी (f)	kursī
Bett (n)	पलंग (m)	palang
Sofa (n)	सोफ़ा (m)	sofa
Sessel (m)	हत्थे वाली कुर्सी (f)	hatthe vālī kursī
Bücherschrank (m)	किताबों की अलमारी (f)	kitābon kī alamārī
Regal (n)	शेल्फ़ (f)	shelf
Schrank (m)	कपड़ों की अलमारी (f)	kaparon kī alamārī
Hakenleiste (f)	खूँटी (f)	khūntī

Kleiderständer (m)	खूँटी (f)	khūntī
Kommode (f)	कपड़ों की अलमारी (f)	kaparon kī alamārī
Couchtisch (m)	कॉफ़ी की मेज़ (f)	kofī kī mez
Spiegel (m)	आईना (m)	āīna
Teppich (m)	कालीन (m)	kālīn
Matte (kleiner Teppich)	दरी (f)	darī
Kamin (m)	चिमनी (f)	chimanī
Kerze (f)	मोमबती (f)	momabattī
Kerzenleuchter (m)	मोमबतीदान (m)	momabattīdān
Vorhänge (pl)	परदे (m pl)	parade
Tapete (f)	वॉल पेपर (m)	vol pepar
Jalousie (f)	जेलुज़ी (f pl)	jeluzī
Tischlampe (f)	मेज़ का लैम्प (m)	mez ka laimp
Leuchte (f)	दिवार का लैम्प (m)	divār ka laimp
Stehlampe (f)	फ़र्श का लैम्प (m)	farsh ka laimp
Kronleuchter (m)	झूमर (m)	jhūmar
Bein (Tischbein usw.)	पाँव (m)	pānv
Armlehne (f)	कुर्सी का हत्था (m)	kursī ka hattha
Lehne (f)	कुर्सी की पीठ (f)	kursī kī pīth
Schublade (f)	दराज़ (m)	darāz

90. Bettwäsche

Bettwäsche (f)	बिस्तर के कपड़े (m)	bistar ke kapare
Kissen (n)	तकिया (m)	takiya
Kissenbezug (m)	ग़िलाफ़ (m)	gilāf
Bettdecke (f)	रज़ाई (f)	razaī
Laken (n)	चादर (f)	chādar
Tagesdecke (f)	चादर (f)	chādar

91. Küche

Küche (f)	रसोईघर (m)	rasoīghar
Gas (n)	गैस (m)	gais
Gasherd (m)	गैस का चूल्हा (m)	gais ka chūlha
Elektroherd (m)	बिजली का चूल्हा (m)	bijalī ka chūlha
Backofen (m)	ओवन (m)	ovan
Mikrowellenherd (m)	माइक्रोवेव ओवन (m)	maikrovev ovan
Kühlschrank (m)	फ़्रिज (m)	frij
Tiefkühltruhe (f)	फ़्रीजर (m)	frījar
Geschirrspülmaschine (f)	डिशवॉशर (m)	dishavoshar
Fleischwolf (m)	कीमा बनाने की मशीन (f)	kīma banāne kī mashīn
Saftpresse (f)	जूसर (m)	jūsar
Toaster (m)	टोस्टर (m)	tostar
Mixer (m)	मिक्सर (m)	miksar

Kaffeemaschine (f)	कॉफ़ी मशीन (f)	kofī mashīn
Kaffeekanne (f)	कॉफ़ी पॉट (m)	kofī pot
Kaffeemühle (f)	कॉफ़ी पीसने की मशीन (f)	kofī pīsane kī mashīn
Wasserkessel (m)	केतली (f)	ketalī
Teekanne (f)	चायदानी (f)	chāyadānī
Deckel (m)	ढक्कन (m)	dhakkan
Teesieb (n)	छलनी (f)	chhalanī
Löffel (m)	चम्मच (m)	chammach
Teelöffel (m)	चम्मच (m)	chammach
Esslöffel (m)	चम्मच (m)	chammach
Gabel (f)	कांटा (m)	kānta
Messer (n)	छुरी (f)	chhurī
Geschirr (n)	बरतन (m)	baratan
Teller (m)	तश्तरी (f)	tashtarī
Untertasse (f)	तश्तरी (f)	tashtarī
Schnapsglas (n)	जाम (m)	jām
Glas (n)	गिलास (m)	gilās
Tasse (f)	प्याला (m)	pyāla
Zuckerdose (f)	चीनीदानी (f)	chīnīdānī
Salzstreuer (m)	नमकदानी (m)	namakadānī
Pfefferstreuer (m)	मिर्चदानी (f)	mirchadānī
Butterdose (f)	मक्खनदानी (f)	makkhanadānī
Kochtopf (m)	सॉसपैन (m)	sosapain
Pfanne (f)	फ़्राइ पैन (f)	frai pain
Schöpflöffel (m)	डोई (f)	doī
Durchschlag (m)	कालेन्डर (m)	kālendar
Tablett (n)	थाली (m)	thālī
Flasche (f)	बोतल (f)	botal
Glas (Einmachglas)	शीशी (f)	shīshī
Dose (f)	डिब्बा (m)	dibba
Flaschenöffner (m)	बोतल ओपनर (m)	botal opanar
Dosenöffner (m)	ओपनर (m)	opanar
Korkenzieher (m)	पेंचकस (m)	penchakas
Filter (n)	फ़िल्टर (m)	filtar
filtern (vt)	फ़िल्टर करना	filtar karana
Müll (m)	कूड़ा (m)	kūra
Mülleimer, Treteimer (m)	कूड़े की बाल्टी (f)	kūre kī bāltī

92. Bad

Badezimmer (n)	स्नानघर (m)	snānaghar
Wasser (n)	पानी (m)	pānī
Wasserhahn (m)	नल (m)	nal
Warmwasser (n)	गरम पानी (m)	garam pānī
Kaltwasser (n)	ठंडा पानी (m)	thanda pānī

Zahnpasta (f)	टूथपेस्ट (m)	tūthapest
Zähne putzen	दाँत ब्रश करना	dānt brash karana
sich rasieren	शेव करना	shev karana
Rasierschaum (m)	शेविंग फ़ोम (m)	sheving fom
Rasierer (m)	रेज़र (f)	rezar
waschen (vt)	धोना	dhona
sich waschen	नहाना	nahāna
Dusche (f)	शावर (m)	shāvar
sich duschen	शावर लेना	shāvar lena
Badewanne (f)	बाथटब (m)	bāthatab
Klosettbecken (n)	संडास (m)	sandās
Waschbecken (n)	सिंक (m)	sink
Seife (f)	साबुन (m)	sābun
Seifenschale (f)	साबुनदानी (f)	sābunadānī
Schwamm (m)	स्पंज (f)	spanj
Shampoo (n)	शैम्पू (m)	shaimpū
Handtuch (n)	तौलिया (f)	tauliya
Bademantel (m)	चोगा (m)	choga
Wäsche (f)	धुलाई (f)	dhulaī
Waschmaschine (f)	वॉशिंग मशीन (f)	voshing mashīn
waschen (vt)	कपड़े धोना	kapare dhona
Waschpulver (n)	कपड़े धोने का पाउडर (m)	kapare dhone ka paudar

93. Haushaltsgeräte

Fernseher (m)	टीवी सेट (m)	tīvī set
Tonbandgerät (n)	टेप रिकार्डर (m)	tep rikārdar
Videorekorder (m)	वीडियो टेप रिकार्डर (m)	vīdiyo tep rikārdar
Empfänger (m)	रेडियो	rediyo
Player (m)	प्लेयर (m)	pleyar
Videoprojektor (m)	वीडियो प्रोजेक्टर (m)	vīdiyo projektar
Heimkino (n)	होम थीएटर (m)	hom thīetar
DVD-Player (m)	डीवीडी प्लेयर (m)	dīvīdī pleyar
Verstärker (m)	ध्वनि-विस्तारक (m)	dhvani-vistārak
Spielkonsole (f)	वीडियो गेम कन्सोल (m)	vīdiyo gem kansol
Videokamera (f)	वीडियो कैमरा (m)	vīdiyo kaimara
Kamera (f)	कैमरा (m)	kaimara
Digitalkamera (f)	डीजिटल कैमरा (m)	dījital kaimara
Staubsauger (m)	वैक्यूम क्लीनर (m)	vaikyūm klīnar
Bügeleisen (n)	इस्तरी (f)	istarī
Bügelbrett (n)	इस्तरी तख़्ता (m)	istarī takhta
Telefon (n)	टेलीफ़ोन (m)	telīfon
Mobiltelefon (n)	मोबाइल फ़ोन (m)	mobail fon
Schreibmaschine (f)	टाइपराइटर (m)	taiparaitar

Nähmaschine (f)	सिलाई मशीन (f)	silaī mashīn
Mikrophon (n)	माइक्रोफ़ोन (m)	maikrofon
Kopfhörer (m)	हैड्फ़ोन (m pl)	hairafon
Fernbedienung (f)	रिमोट (m)	rimot

CD (f)	सीडी (m)	sīdī
Kassette (f)	कैसेट (f)	kaiset
Schallplatte (f)	रिकार्ड (m)	rikārd

94. Reparaturen. Renovierung

Renovierung (f)	नवीकरण (m)	navīkaran
renovieren (vt)	नवीकरण करना	navīkaran karana
reparieren (vt)	मरम्मत करना	marammat karana
in Ordnung bringen	ठीक करना	thīk karana
noch einmal machen	फिर से करना	fir se karana

Farbe (f)	रंग (m)	rang
streichen (vt)	रंगना	rangana
Anstreicher (m)	रोग़न करनेवाला (m)	rogan karanevāla
Pinsel (m)	सफ़ेदी का ब्रश (m)	safedī ka brash

| Kalkfarbe (f) | सफ़ेदी (f) | safedī |
| weißen (vt) | सफ़ेदी करना | safedī karana |

Tapete (f)	वॉल-पैपर (m pl)	vol-paipar
tapezieren (vt)	वाल-पैपर लगाना	vāl-paipar lagāna
Lack (z.B. Parkettlack)	पॉलिश (f)	polish
lackieren (vt)	पॉलिश करना	polish karana

95. Rohrleitungen

Wasser (n)	पानी (m)	pānī
Warmwasser (n)	गरम पानी (m)	garam pānī
Kaltwasser (n)	ठंडा पानी (m)	thanda pānī
Wasserhahn (m)	टोंटी (f)	tontī

Tropfen (m)	बूंद (m)	būnd
tropfen (vi)	टपकना	tapakana
durchsickern (vi)	बहना	bahana
Leck (n)	लीक (m)	līk
Lache (f)	डबरा (m)	dabara

Rohr (n)	पाइप (f)	paip
Ventil (n)	वॉल्व (m)	volv
sich verstopfen	भर जाना	bhar jāna

Werkzeuge (pl)	औज़ार (m pl)	auzār
Engländer (m)	रिंच (m)	rinch
abdrehen (vt)	खोलना	kholana
zudrehen (vt)	बंद करना	band karana
reinigen (Rohre ~)	सफ़ाई करना	safaī karana

Klempner (m)	प्लम्बर (m)	plambar
Keller (m)	तहख़ाना (m)	tahakhāna
Kanalisation (f)	मलप्रवाह-पद्धति (f)	malapravāh-paddhati

96. Feuer. Brand

Feuer (n)	आग (f)	āg
Flamme (f)	आग की लपटें (f)	āg kī lapaten
Funke (m)	चिंगारी (f)	chingārī
Rauch (m)	धुँआ (m)	dhuna
Fackel (f)	मशाल (m)	mashāl
Lagerfeuer (n)	कैम्प फ़ायर (m)	kaimp fāyar

Benzin (n)	पेट्रोल (m)	petrol
Kerosin (n)	केरोसीन (m)	kerosīn
brennbar	ज्वलनशील	jvalanashīl
explosiv	विस्फ़ोटक	visfotak
RAUCHEN VERBOTEN!	धुम्रपान निषेध!	dhumrapān nishedh!

Sicherheit (f)	सुरक्षा (f)	suraksha
Gefahr (f)	ख़तरा (f)	khatara
gefährlich	ख़तरनाक	khataranāk

sich entflammen	आग लग जाना	āg lag jāna
Explosion (f)	विस्फ़ोट (m)	visfot
in Brand stecken	आग लगाना	āg lagāna
Brandstifter (m)	आग लगानेवाला (m)	āg lagānevāla
Brandstiftung (f)	आगज़नी (f)	āgazanī

flammen (vi)	दहकना	dahakana
brennen (vi)	जलना	jalana
verbrennen (vi)	जल जाना	jal jāna

Feuerwehrmann (m)	दमकल कर्मचारी (m)	damakal karmachārī
Feuerwehrauto (n)	दमकल (m)	damakal
Feuerwehr (f)	फ़ायरब्रिगेड (m)	fāyarabriged
Drehleiter (f)	फ़ायर ट्रक सीढ़ी (f)	fāyar trak sīrhī

Feuerwehrschlauch (m)	आग बुझाने का पाइप (m)	āg bujhāne ka paip
Feuerlöscher (m)	अग्निशामक (m)	agnishāmak
Helm (m)	हेलमेट (f)	helamet
Sirene (f)	साइरन (m)	sairan

schreien (vi)	चिल्लाना	chillāna
um Hilfe rufen	मदद के लिए बुलाना	madad ke lie bulāna
Retter (m)	बचानेवाला (m)	bachānevāla
retten (vt)	बचाना	bachāna

ankommen (vi)	पहुँचना	pahunchana
löschen (vt)	आग बुझाना	āg bujhāna
Wasser (n)	पानी (m)	pānī
Sand (m)	रेत (f)	ret
Trümmer (pl)	खंडहर (m pl)	khandahar
zusammenbrechen (vi)	गिर जाना	gir jāna

einfallen (vi)	टूटकर गिरना	tūtakar girana
einstürzen (Decke)	ढहना	dhahana
Bruchstück (n)	मलबे का टुकड़ा (m)	malabe ka tukara
Asche (f)	राख (m)	rākh
ersticken (vi)	दम घुटना	dam ghutana
ums Leben kommen	मर जाना	mar jāna

AKTIVITÄTEN DES MENSCHEN

Beruf. Geschäft. Teil 1

97. Bankgeschäft

Bank (f)	बैंक (m)	baink
Filiale (f)	शाखा (f)	shākha
Berater (m)	क्लर्क (m)	klark
Leiter (m)	मैनेजर (m)	mainejar
Konto (n)	बैंक खाता (m)	baink khāta
Kontonummer (f)	खाते का नम्बर (m)	khāte ka nambar
Kontokorrent (n)	चालू खाता (m)	chālū khāta
Sparkonto (n)	बचत खाता (m)	bachat khāta
ein Konto eröffnen	खाता खोलना	khāta kholana
das Konto schließen	खाता बंद करना	khāta band karana
einzahlen (vt)	खाते में जमा करना	khāte men jama karana
abheben (vt)	खाते से पैसा निकालना	khāte se paisa nikālana
Einzahlung (f)	जमा (m)	jama
eine Einzahlung machen	जमा करना	jama karana
Überweisung (f)	तार स्थानांतरण (m)	tār sthānāntaran
überweisen (vt)	पैसे स्थानांतरित करना	paise sthānāntarit karana
Summe (f)	रक़म (m)	raqam
Wieviel?	कितना?	kitana?
Unterschrift (f)	हस्ताक्षर (f)	hastākshar
unterschreiben (vt)	हस्ताक्षर करना	hastākshar karana
Kreditkarte (f)	क्रेडिट कार्ड (m)	kredit kārd
Code (m)	पिन कोड (m)	pin kod
Kreditkartennummer (f)	क्रेडिट कार्ड संख्या (f)	kredit kārd sankhya
Geldautomat (m)	एटीएम (m)	etīem
Scheck (m)	चेक (m)	chek
einen Scheck schreiben	चेक लिखना	chek likhana
Scheckbuch (n)	चेकबुक (f)	chekabuk
Darlehen (m)	उधार (m)	uthār
ein Darlehen beantragen	उधार के लिए आवेदन करना	udhār ke lie āvedan karana
ein Darlehen aufnehmen	उधार लेना	uthār lena
ein Darlehen geben	उधार देना	uthār dena
Sicherheit (f)	गारन्टी (f)	gārantī

98. Telefon. Telefongespräche

Telefon (n)	फ़ोन (m)	fon
Mobiltelefon (n)	मोबाइल फ़ोन (m)	mobail fon
Anrufbeantworter (m)	जवाबी मशीन (f)	javābī mashīn

| anrufen (vt) | फ़ोन करना | fon karana |
| Anruf (m) | कॉल (m) | kol |

eine Nummer wählen	नम्बर लगाना	nambar lagāna
Hallo!	हेलो!	helo!
fragen (vt)	पूछना	pūchhana
antworten (vi)	जवाब देना	javāb dena

hören (vt)	सुनना	sunana
gut (~ aussehen)	ठीक	thīk
schlecht (Adv)	ठीक नहीं	thīk nahin
Störungen (pl)	आवाज़ें (f)	āvāzen

Hörer (m)	रिसीवर (m)	risīvar
den Hörer abnehmen	फ़ोन उठाना	fon uthāna
auflegen (den Hörer ~)	फ़ोन रखना	fon rakhana

besetzt	बिज़ी	bizī
läuten (vi)	फ़ोन बजना	fon bajana
Telefonbuch (n)	टेलीफ़ोन बुक (m)	telīfon buk
Orts-	लोकल	lokal
Auslands-	अंतर्राष्ट्रीय	antarrāshtrīy
Fern-	लंबी दूरी की कॉल	lambī dūrī kī kol

99. Mobiltelefon

Mobiltelefon (n)	मोबाइल फ़ोन (m)	mobail fon
Display (n)	डिस्प्ले (m)	disple
Knopf (m)	बटन (m)	batan
SIM-Karte (f)	सिम कार्ड (m)	sim kārd

Batterie (f)	बैटरी (f)	baitarī
leer sein (Batterie)	बैटरी डेड हो जाना	baitarī ded ho jāna
Ladegerät (n)	चार्जर (m)	chārjar

Menü (n)	मीनू (m)	mīnū
Einstellungen (pl)	सेटिंग्स (f)	setings
Melodie (f)	कॉलर ट्यून (m)	kolar tyūn
auswählen (vt)	चुनना	chunana

Rechner (m)	कैल्कुलैटर (m)	kailkulaitar
Anrufbeantworter (m)	वॉयस मेल (f)	voyas mel
Wecker (m)	अलार्म घड़ी (f)	alārm gharī
Kontakte (pl)	संपर्क (m)	sampark

| SMS-Nachricht (f) | एसएमएस (m) | esemes |
| Teilnehmer (m) | सदस्य (m) | sadasy |

100. Bürobedarf

Kugelschreiber (m)	बॉल पेन (m)	bol pen
Federhalter (m)	फाउन्टेन पेन (m)	faunten pen
Bleistift (m)	पेंसिल (f)	pensil
Faserschreiber (m)	हाइलाइटर (m)	hailaitar
Filzstift (m)	फ़ेल्ट टिप पेन (m)	felt tip pen
Notizblock (m)	नोटबुक (m)	notabuk
Terminkalender (m)	डायरी (f)	dāyarī
Lineal (n)	स्केल (m)	skel
Rechner (m)	कैल्कुलेटर (m)	kailkuletar
Radiergummi (m)	रबड़ (f)	rabar
Reißzwecke (f)	थंबटैक (m)	thanrbataik
Heftklammer (f)	पेपर क्लिप (m)	pepar klip
Klebstoff (m)	गोंद (f)	gond
Hefter (m)	स्टेप्लर (m)	steplar
Locher (m)	होल पंचर (m)	hol panchar
Bleistiftspitzer (m)	शार्पनर (m)	shārpanar

Arbeit. Geschäft. Teil 2

101. Massenmedien

Zeitung (f)	अख़बार (m)	akhabār
Zeitschrift (f)	पत्रिका (f)	patrika
Presse (f)	प्रेस (m)	pres
Rundfunk (m)	रेडियो (m)	rediyo
Rundfunkstation (f)	रेडियो स्टेशन (m)	rediyo steshan
Fernsehen (n)	टीवी (m)	tīvī
Moderator (m)	प्रस्तुतकर्ता (m)	prastutakarta
Sprecher (m)	उद्घोषक (m)	udghoshak
Kommentator (m)	टिप्पणीकार (m)	tippanīkār
Journalist (m)	पत्रकार (m)	patrakār
Korrespondent (m)	पत्रकार (m)	patrakār
Bildberichterstatter (m)	फ़ोटो पत्रकार (m)	foto patrakār
Reporter (m)	पत्रकार (m)	patrakār
Redakteur (m)	संपादक (m)	sampādak
Chefredakteur (m)	मूख्य संपादक (m)	mūkhy sampādak
abonnieren (vt)	सदस्य बनना	sadasy banana
Abonnement (n)	सदस्यता शुल्क (f)	sadasyata shulk
Abonnent (m)	सदस्य (m)	sadasy
lesen (vi, vt)	पढ़ना	parhana
Leser (m)	पाठक (m)	pāthak
Auflage (f)	प्रतियों की संख्या (f)	pratiyon kī sankhya
monatlich (Adj)	मासिक	māsik
wöchentlich (Adj)	सप्ताहिक	saptāhik
Ausgabe (Zeitschrift)	संस्करण संख्या (f)	sanskaran sankhya
neueste (~ Ausgabe)	ताज़ा	tāza
Titel (m)	हेडलाइन (f)	hedalain
Notiz (f)	लघु लेख (m)	laghu lekh
Rubrik (f)	कॉलम (m)	kolam
Artikel (m)	लेख (m)	lekh
Seite (f)	पृष्ठ (m)	prshth
Reportage (f)	रिपोर्ट (f)	riport
Ereignis (n)	घटना (f)	ghatana
Sensation (f)	सनसनी (f)	sanasanī
Skandal (m)	कांड (m)	kānd
skandalös	चौंका देने वाला	chaunka dene vāla
groß (-er Skandal)	बड़ा	bara
Sendung (f)	प्रसारण (m)	prasāran
Interview (n)	साक्षात्कार (m)	sākshātkār

93

| Live-Übertragung (f) | सीधा प्रसारण (m) | sīdha prasāran |
| Kanal (m) | चैनल (m) | chainal |

102. Landwirtschaft

Landwirtschaft (f)	खेती (f)	khetī
Bauer (m)	किसान (m)	kisān
Bäuerin (f)	किसान (f)	kisān
Farmer (m)	किसान (m)	kisān

| Traktor (m) | ट्रैक्टर (m) | traiktar |
| Mähdrescher (m) | फ़सल काटने की मशीन (f) | fasal kātane kī mashīn |

Pflug (m)	हल (m)	hal
pflügen (vt)	जोतना	jotana
Acker (m)	जोत भूमि (f)	jot bhūmi
Furche (f)	जोती गई भूमि (f)	jotī gaī bhūmi

säen (vt)	बोना	bona
Sämaschine (f)	बोने की मशीन (f)	bone kī mashīn
Saat (f)	बोवाई (f)	bovaī

| Sense (f) | हँसिया (m) | hansiya |
| mähen (vt) | काटना | kātana |

| Schaufel (f) | कुदाल (m) | kudāl |
| graben (vt) | खोदना | khodana |

Hacke (f)	फावड़ा (m)	fāvara
jäten (vt)	निराना	nirāna
Unkraut (n)	जंगली घास	jangalī ghās

Gießkanne (f)	सींचाई कनस्तर (m)	sīnchaī kanastar
gießen (vt)	सींचना	sīnchana
Bewässerung (f)	सींचाई (f)	sīnchaī

| Heugabel (f) | पंजा (m) | panja |
| Rechen (m) | जेली (f) | jelī |

Dünger (m)	खाद (f)	khād
düngen (vt)	खाद डालना	khād dālana
Mist (m)	गोबर (m)	gobar

Feld (n)	खेत (f)	khet
Wiese (f)	केदार (m)	kedār
Gemüsegarten (m)	सब्ज़ियों का बगीचा (m)	sabziyon ka bagīcha
Obstgarten (m)	बाग़ (m)	bāg

weiden (vt)	चराना	charāna
Hirt (m)	चरवाहा (m)	charavāha
Weide (f)	चरागाह (f)	charāgāh

| Viehzucht (f) | पशुपालन (m) | pashupālan |
| Schafzucht (f) | भेड़पालन (m) | bherapālan |

Plantage (f)	बागान (m)	bāgān
Beet (n)	क्यारी (f)	kyārī
Treibhaus (n)	पौधाघर (m)	paudhāghar

| Dürre (f) | सूखा (f) | sūkha |
| dürr, trocken | सूखा | sūkha |

| Getreidepflanzen (pl) | अनाज (m pl) | anāj |
| ernten (vt) | फ़सल काटना | fasal kātana |

Müller (m)	चक्कीवाला (m)	chakkīvāla
Mühle (f)	चक्की (f)	chakkī
mahlen (vt)	पीसना	pīsana
Mehl (n)	आटा (m)	āta
Stroh (n)	फूस (m)	fūs

103. Gebäude. Bauabwicklung

Baustelle (f)	निर्माण स्थल (m)	nirmān sthal
bauen (vt)	निर्माण करना	nirmān karana
Bauarbeiter (m)	मज़दूर (m)	mazadūr

Projekt (n)	परियोजना (m)	pariyojana
Architekt (m)	वास्तुकार (m)	vāstukār
Arbeiter (m)	मज़दूर (m)	mazadūr

Fundament (n)	आधार (m)	ādhār
Dach (n)	छत (f)	chhat
Pfahl (m)	नींव (m)	nīnv
Wand (f)	दीवार (f)	dīvār

| Bewehrungsstahl (m) | मज़बूत सलाखें (m) | mazabūt salākhen |
| Gerüst (n) | मचान (m) | machān |

Beton (m)	कंक्रीट (m)	kankrīt
Granit (m)	ग्रेनाइट (m)	grenait
Stein (m)	पत्थर (m)	patthar
Ziegel (m)	ईंट (f)	īnt

Sand (m)	रेत (f)	ret
Zement (m)	सीमेन्ट (m)	sīment
Putz (m)	प्लस्तर (m)	plastar
verputzen (vt)	प्लस्तर लगाना	plastar lagāna
Farbe (f)	रंग (m)	rang
färben (vt)	रंगना	rangana
Fass (n), Tonne (f)	पीपा (m)	pīpa

Kran (m)	क्रेन (m)	kren
aufheben (vt)	उठाना	uthāna
herunterlassen (vt)	नीचे उतारना	nīche utārana

Planierraupe (f)	बुल्डोज़र (m)	buldozar
Bagger (m)	उत्खनक (m)	utkhanak
Baggerschaufel (f)	उत्खनक बाल्टी (m)	utkhanak bāltī

graben (vt)	खोदना	khodana
Schutzhelm (m)	हेलमेट (f)	helamet

Berufe und Tätigkeiten

104. Arbeitsuche. Kündigung

Arbeit (f), Stelle (f)	नौकरी (f)	naukarī
Personal (n)	कर्मचारी (m)	karmachārī
Karriere (f)	व्यवसाय (m)	vyavasāy
Perspektive (f)	संभावना (f)	sambhāvana
Können (n)	हुनर (m)	hunar
Auswahl (f)	चुनाव (m)	chunāv
Personalagentur (f)	रोज़गार केन्द्र (m)	rozagār kendr
Lebenslauf (m)	रेज़्यूम (m)	rijyūm
Vorstellungsgespräch (n)	नौकरी के लिए साक्षात्कार (m)	naukarī ke lie sākshātkār
Vakanz (f)	रिक्ति (f)	rikti
Gehalt (n)	वेतन (m)	vetan
festes Gehalt (n)	वेतन (m)	vetan
Arbeitslohn (m)	भुगतान (m)	bhugatān
Stellung (f)	पद (m)	pad
Pflicht (f)	कर्तव्य (m)	kartavy
Aufgabenspektrum (n)	कार्य-क्षेत्र (m)	kāry-kshetr
beschäftigt	व्यस्त	vyast
kündigen (vt)	बरख़ास्त करना	barakhāst karana
Kündigung (f)	बरख़ास्तगी (f)	barakhāstagī
Arbeitslosigkeit (f)	बेरोज़गारी (f)	berozagārī
Arbeitslose (m)	बेरोज़गार (m)	berozagār
Rente (f), Ruhestand (m)	सेवा-निवृत्ति (f)	seva-nivrtti
in Rente gehen	सेवा-निवृत्त होना	seva-nivrtt hona

105. Geschäftsleute

Direktor (m)	निदेशक (m)	nideshak
Leiter (m)	प्रबंधक (m)	prabandhak
Boss (m)	मालिक (m)	mālik
Vorgesetzte (m)	वरिष्ठ अधिकारी (m)	varishth adhikārī
Vorgesetzten (pl)	वरिष्ठ अधिकारी (m)	varishth adhikārī
Präsident (m)	अध्यक्ष (m)	adhyaksh
Vorsitzende (m)	सभाध्यक्ष (m)	sabhādhyaksh
Stellvertreter (m)	उपाध्यक्ष (m)	upādhyaksh
Helfer (m)	सहायक (m)	sahāyak

Sekretär (m)	सेक्रटरी (f)	sekratarī
Privatsekretär (m)	निजी सहायक (m)	nijī sahāyak
Geschäftsmann (m)	व्यापारी (m)	vyāpārī
Unternehmer (m)	उद्यमी (m)	udyamī
Gründer (m)	संस्थापक (m)	sansthāpak
gründen (vt)	स्थापित करना	sthāpit karana
Gründungsmitglied (n)	स्थापक (m)	sthāpak
Partner (m)	पार्टनर (m)	pārtanar
Aktionär (m)	शेयर होलडर (m)	sheyar holadar
Millionär (m)	लखपति (m)	lakhapati
Milliardär (m)	करोड़पति (m)	karorapati
Besitzer (m)	मालिक (m)	mālik
Landbesitzer (m)	ज़मीनदार (m)	zamīnadār
Kunde (m)	ग्राहक (m)	grāhak
Stammkunde (m)	खरीदार (m)	kharīdār
Käufer (m)	ग्राहक (m)	grāhak
Besucher (m)	आगंतुक (m)	āgantuk
Fachmann (m)	पेशेवर (m)	peshevar
Experte (m)	विशेषज्ञ (m)	visheshagy
Spezialist (m)	विशेषज्ञ (m)	visheshagy
Bankier (m)	बैंकर (m)	bainkar
Makler (m)	ब्रोकर (m)	brokar
Kassierer (m)	कैशियर (m)	kaishiyar
Buchhalter (m)	लेखापाल (m)	lekhāpāl
Wächter (m)	पहरेदार (m)	paharedār
Investor (m)	निवेशक (m)	niveshak
Schuldner (m)	क़र्ज़दार (m)	qarzadār
Gläubiger (m)	लेनदार (m)	lenadār
Kreditnehmer (m)	कर्ज़दार (m)	karzadār
Importeur (m)	आयातकर्ता (m)	āyātakartta
Exporteur (m)	नियातकर्ता (m)	niryātakartta
Hersteller (m)	उत्पादक (m)	utpādak
Distributor (m)	वितरक (m)	vitarak
Vermittler (m)	बिचौलिया (m)	bichauliya
Berater (m)	सलाहकार (m)	salāhakār
Vertreter (m)	बिक्री प्रतिनिधि (m)	bikrī pratinidhi
Agent (m)	एजेंट (m)	ejent
Versicherungsagent (m)	बीमा एजन्ट (m)	bīma ejant

106. Dienstleistungsberufe

Koch (m)	बावरची (m)	bāvarachī
Chefkoch (m)	मुख्य बावरची (m)	mukhy bāvarachī
Bäcker (m)	बेकर (m)	bekar

Barmixer (m)	बारेटेन्डर (m)	bāretendar
Kellner (m)	बैरा (m)	baira
Kellnerin (f)	बैरा (f)	baira

Rechtsanwalt (m)	वकील (m)	vakīl
Jurist (m)	वकील (m)	vakīl
Notar (m)	नोटरी (m)	notarī

Elektriker (m)	बिजलीवाला (m)	bijalīvāla
Klempner (m)	प्लम्बर (m)	plambar
Zimmermann (m)	बढ़ई (m)	barhī

Masseur (m)	मालिशिया (m)	mālishiya
Masseurin (f)	मालिशिया (m)	mālishiya
Arzt (m)	चिकित्सक (m)	chikitsak

Taxifahrer (m)	टैक्सीवाला (m)	taiksīvāla
Fahrer (m)	ड्राइवर (m)	draivar
Ausfahrer (m)	कूरियर (m)	kūriyar

Zimmermädchen (n)	चैम्बरमेड (f)	chaimbaramed
Wächter (m)	पहरेदार (m)	paharedār
Flugbegleiterin (f)	एयर होस्टेस (f)	eyar hostes

Lehrer (m)	शिक्षक (m)	shikshak
Bibliothekar (m)	पुस्तकाध्यक्ष (m)	pustakādhyaksh
Übersetzer (m)	अनुवादक (m)	anuvādak
Dolmetscher (m)	दुभाषिया (m)	dubhāshiya
Fremdenführer (m)	गाइड (m)	gaid

Friseur (m)	नाई (m)	naī
Briefträger (m)	डाकिया (m)	dākiya
Verkäufer (m)	विक्रेता (m)	vikreta

Gärtner (m)	माली (m)	mālī
Diener (m)	नौकर (m)	naukar
Magd (f)	नौकरानी (f)	naukarānī
Putzfrau (f)	सफ़ाईवाली (f)	safaīvālī

107. Militärdienst und Ränge

einfacher Soldat (m)	सैनिक (m)	sainik
Feldwebel (m)	सार्जेंट (m)	sārjent
Leutnant (m)	लेफ्टिनेंट (m)	leftinent
Hauptmann (m)	कैप्टन (m)	kaiptan

Major (m)	मेजर (m)	mejar
Oberst (m)	कर्नल (m)	karnal
General (m)	जनरल (m)	janaral
Marschall (m)	मार्शल (m)	mārshal
Admiral (m)	एडमिरल (m)	edamiral

| Militärperson (f) | सैनिक (m) | sainik |
| Soldat (m) | सिपाही (m) | sipāhī |

Offizier (m)	अफ़्सर (m)	afsar
Kommandeur (m)	कमांडर (m)	kamāndar
Grenzsoldat (m)	सीमा रक्षक (m)	sīma rakshak
Funker (m)	रेडियो ऑपरेटर (m)	rediyo oparetar
Aufklärer (m)	गुप्तचर (m)	guptachar
Pionier (m)	युद्ध इंजीनियर (m)	yuddh injīniyar
Schütze (m)	तीरंदाज़ (m)	tīrandāz
Steuermann (m)	नैवीगेटर (m)	naivīgetar

108. Beamte. Priester

| König (m) | बादशाह (m) | bādashāh |
| Königin (f) | महारानी (f) | mahārānī |

| Prinz (m) | राजकुमार (m) | rājakumār |
| Prinzessin (f) | राजकुमारी (f) | rājakumārī |

| Zar (m) | राजा (m) | rāja |
| Zarin (f) | रानी (f) | rānī |

Präsident (m)	राष्ट्रपति (m)	rāshtrapati
Minister (m)	मंत्री (m)	mantrī
Ministerpräsident (m)	प्रधान मंत्री (m)	pradhān mantrī
Senator (m)	सांसद (m)	sānsad

Diplomat (m)	राजनयिक (m)	rājanayik
Konsul (m)	राजनयिक (m)	rājanayik
Botschafter (m)	राजदूत (m)	rājadūt
Ratgeber (m)	राजनयिक परामर्शदाता (m)	rājanayik parāmarshadāta

Beamte (m)	अधिकारी (m)	adhikārī
Präfekt (m)	अधिकारी (m)	adhikārī
Bürgermeister (m)	मेयर (m)	meyar

| Richter (m) | न्यायाधीश (m) | nyāyādhīsh |
| Staatsanwalt (m) | अभियोक्ता (m) | abhiyokta |

Missionar (m)	पादरी (m)	pādarī
Mönch (m)	मठवासी (m)	mathavāsī
Abt (m)	मठाधीश (m)	mathādhīsh
Rabbiner (m)	रब्बी (m)	rabbī

Wesir (m)	वज़ीर (m)	vazīr
Schah (n)	शाह (m)	shāh
Scheich (m)	शेख़ (m)	shekh

109. Landwirtschaftliche Berufe

Bienenzüchter (m)	मधुमक्खी-पालक (m)	madhumakkhī-pālak
Hirt (m)	चरवाहा (m)	charavāha
Agronom (m)	कृषिविज्ञानी (m)	krshivigyānī
Viehzüchter (m)	पशुपालक (m)	pashupālak

Tierarzt (m)	पशुचिकित्सक (m)	pashuchikitsak
Farmer (m)	किसान (m)	kisān
Winzer (m)	मदिराकारी (m)	madirākārī
Zoologe (m)	जीव विज्ञानी (m)	jīv vigyānī
Cowboy (m)	चरवाहा (m)	charavāha

110. Künstler

Schauspieler (m)	अभिनेता (m)	abhineta
Schauspielerin (f)	अभिनेत्री (f)	abhinetrī
Sänger (m)	गायक (m)	gāyak
Sängerin (f)	गायिका (f)	gāyika
Tänzer (m)	नर्तक (m)	nartak
Tänzerin (f)	नर्तकी (f)	nartakī
Künstler (m)	अदाकार (m)	adākār
Künstlerin (f)	अदाकारा (f)	adākāra
Musiker (m)	साज़िन्दा (m)	sāzinda
Pianist (m)	पियानो वादक (m)	piyāno vādak
Gitarrist (m)	गिटार वादक (m)	gitār vādak
Dirigent (m)	बैंड कंडक्टर (m)	baind kandaktar
Komponist (m)	संगीतकार (m)	sangītakār
Manager (m)	इम्प्रेसारियो (m)	impresāriyo
Regisseur (m)	निर्देशक (m)	nirdeshak
Produzent (m)	प्रोड्यूसर (m)	prodyūsar
Drehbuchautor (m)	लेखक (m)	lekhak
Kritiker (m)	आलोचक (m)	ālochak
Schriftsteller (m)	लेखक (m)	lekhak
Dichter (m)	कवि (m)	kavi
Bildhauer (m)	मूर्तिकार (m)	mūrtikār
Maler (m)	चित्रकार (m)	chitrakār
Jongleur (m)	बाज़ीगर (m)	bāzīgar
Clown (m)	जोकर (m)	jokar
Akrobat (m)	कलाबाज़ (m)	kalābāz
Zauberkünstler (m)	जादूगर (m)	jādūgar

111. Verschiedene Berufe

Arzt (m)	चिकित्सक (m)	chikitsak
Krankenschwester (f)	नर्स (f)	nars
Psychiater (m)	मनोचिकित्सक (m)	manochikitsak
Zahnarzt (m)	दंतचिकित्सक (m)	dantachikitsak
Chirurg (m)	शल्य-चिकित्सक (m)	shaly-chikitsak
Astronaut (m)	अंतरिक्षयात्री (m)	antarikshayātrī

Astronom (m)	खगोल-विज्ञानी (m)	khagol-vigyānī
Pilot (m)	पाइलट (m)	pailat
Fahrer (Taxi-)	ड्राइवर (m)	draivar
Lokomotivführer (m)	इंजन ड्राइवर (m)	injan draivar
Mechaniker (m)	मैकेनिक (m)	maikenik

Bergarbeiter (m)	खनिक (m)	khanik
Arbeiter (m)	मज़दूर (m)	mazadūr
Schlosser (m)	ताला बनानेवाला (m)	tāla banānevāla
Tischler (m)	बढ़ई (m)	barhī
Dreher (m)	खरादी (m)	kharādī
Bauarbeiter (m)	मजूदर (m)	mazūdar
Schweißer (m)	वेल्डर (m)	veldar

Professor (m)	प्रोफ़ेसर (m)	profesar
Architekt (m)	वास्तुकार (m)	vāstukār
Historiker (m)	इतिहासकार (m)	itihāsakār
Wissenschaftler (m)	वैज्ञानिक (m)	vaigyānik
Physiker (m)	भौतिक विज्ञानी (m)	bhautik vigyānī
Chemiker (m)	रसायनविज्ञानी (m)	rasāyanavigyānī

Archäologe (m)	पुरातत्वविद (m)	purātatvavid
Geologe (m)	भूविज्ञानी (m)	bhūvigyānī
Forscher (m)	शोधकर्ता (m)	shodhakarta

| Kinderfrau (f) | दाई (f) | daī |
| Lehrer (m) | शिक्षक (m) | shikshak |

Redakteur (m)	संपादक (m)	sampādak
Chefredakteur (m)	मुख्य संपादक (m)	mūkhy sampādak
Korrespondent (m)	पत्रकार (m)	patrakār
Schreibkraft (f)	टाइपिस्ट (f)	taipist

Designer (m)	डिज़ाइनर (m)	dizainar
Computerspezialist (m)	कंप्यूटर विशेषज्ञ (m)	kampyūtar visheshagy
Programmierer (m)	प्रोग्रामर (m)	progrāmar
Ingenieur (m)	इंजीनियर (m)	injīniyar

Seemann (m)	मल्लाह (m)	mallāh
Matrose (m)	मल्लाह (m)	mallāh
Retter (m)	बचानेवाला (m)	bachānevāla

Feuerwehrmann (m)	दमकल कर्मचारी (m)	damakal karmachārī
Polizist (m)	पुलिसवाला (m)	pulisavāla
Nachtwächter (m)	पहरेदार (m)	paharedār
Detektiv (m)	जासूस (m)	jāsūs

Zollbeamter (m)	सीमाशुल्क अधिकारी (m)	sīmāshulk adhikārī
Leibwächter (m)	अंगरक्षक (m)	angarakshak
Gefängniswärter (m)	जेल का पहरेदार (m)	jel ka paharedār
Inspektor (m)	अधीक्षक (m)	adhīkshak

Sportler (m)	खिलाड़ी (m)	khilārī
Trainer (m)	प्रशिक्षक (m)	prashikshak
Fleischer (m)	कसाई (m)	kasaī
Schuster (m)	मोची (m)	mochī

Geschäftsmann (m)	व्यापारी (m)	vyāpārī
Ladearbeiter (m)	कुली (m)	kulī
Modedesigner (m)	फ़ैशन डिज़ाइनर (m)	faishan dizainar
Modell (n)	मॉडल (m)	modal

112. Beschäftigung. Sozialstatus

| Schüler (m) | छात्र (m) | chhātr |
| Student (m) | विद्यार्थी (m) | vidyārthī |

Philosoph (m)	दर्शनशास्त्री (m)	darshanashāstrī
Ökonom (m)	अर्थशास्त्री (m)	arthashāstrī
Erfinder (m)	आविष्कारक (m)	āvishkārak

Arbeitslose (m)	बेरोज़गार (m)	berozagār
Rentner (m)	सेवा-निवृत्त (m)	seva-nivrtt
Spion (m)	गुप्तचर (m)	guptachar

Gefangene (m)	क़ैदी (m)	qaidī
Streikender (m)	हड़तालकारी (m)	haratālakārī
Bürokrat (m)	अफ़सरशाह (m)	afasarashāh
Reisende (m)	यात्री (m)	yātrī

| Homosexuelle (m) | समलैंगिक (m) | samalaingik |
| Hacker (m) | हैकर (m) | haikar |

Bandit (m)	डाकू (m)	dākū
Killer (m)	हत्यारा (m)	hatyāra
Drogenabhängiger (m)	नशेबाज़ (m)	nashebāz
Drogenhändler (m)	नशीली दवाओं का विक्रेता (m)	nashīlī davaon ka vikreta
Prostituierte (f)	वैश्या (f)	vaishya
Zuhälter (m)	दलाल (m)	dalāl

Zauberer (m)	जादूगर (m)	jādūgar
Zauberin (f)	डायन (f)	dāyan
Seeräuber (m)	समुद्री लूटेरा (m)	samudrī lūtera
Sklave (m)	दास (m)	dās
Samurai (m)	सामुराई (m)	sāmuraī
Wilde (m)	जंगली (m)	jangalī

Sport

113. Sportarten. Persönlichkeiten des Sports

Sportler (m)	खिलाड़ी (m)	khilārī
Sportart (f)	खेल (m)	khel
Basketball (m)	बास्केटबॉल (f)	bāsketabol
Basketballspieler (m)	बास्केटबॉल खिलाड़ी (m)	bāsketabol khilārī
Baseball (m, n)	बेसबॉल (f)	besabol
Baseballspieler (m)	बेसबॉल खिलाड़ी (m)	besabol khilārī
Fußball (m)	फुटबॉल (f)	futabol
Fußballspieler (m)	फुटबॉल खिलाड़ी (m)	futabol khilārī
Torwart (m)	गोलची (m)	golachī
Eishockey (n)	हॉकी (f)	hokī
Eishockeyspieler (m)	हॉकी खिलाड़ी (m)	hokī khilārī
Volleyball (m)	वॉलीबॉल (f)	volībol
Volleyballspieler (m)	वॉलीबॉल खिलाड़ी (m)	volībol khilārī
Boxen (n)	मुक्केबाज़ी (f)	mukkebāzī
Boxer (m)	मुक्केबाज़ (m)	mukkebāz
Ringen (n)	कुश्ती (m)	kushtī
Ringkämpfer (m)	पहलवान (m)	pahalavān
Karate (n)	कराटे (m)	karāte
Karatekämpfer (m)	कराटेबाज़ (m)	karātebāz
Judo (n)	जूडो (m)	jūdo
Judoka (m)	जूडोबाज़ (m)	jūdobāz
Tennis (n)	टेनिस (m)	tenis
Tennisspieler (m)	टेनिस खिलाड़ी (m)	tenis khilārī
Schwimmen (n)	तैराकी (m)	tairākī
Schwimmer (m)	तैराक (m)	tairāk
Fechten (n)	तलवारबाज़ी (f)	talavārabāzī
Fechter (m)	तलवारबाज़ (m)	talavārabāz
Schach (n)	शतरंज (m)	shataranj
Schachspieler (m)	शतरंजबाज़ (m)	shatanrajabāz
Bergsteigen (n)	पर्वतारोहण (m)	parvatārohan
Bergsteiger (m)	पर्वतारोही (m)	parvatārohī
Lauf (m)	दौड़ (f)	daur

Läufer (m)	धावक (m)	dhāvak
Leichtathletik (f)	एथलेटिक्स (f)	ethaletiks
Athlet (m)	एथलीट (m)	ethalīt

| Pferdesport (m) | घुड़सवारी (f) | ghurasavārī |
| Reiter (m) | घुड़सवार (m) | ghurasavār |

Eiskunstlauf (m)	फ़ीगर स्केटिन्ग (m)	fīgar sketing
Eiskunstläufer (m)	फ़ीगर स्केटर (m)	fīgar sketar
Eiskunstläuferin (f)	फ़ीगर स्केटर (f)	fīgar sketar

Gewichtheben (n)	पॉवरलिफ्टिंग (m)	povaralifting
Autorennen (n)	कार रेस (f)	kār res
Rennfahrer (m)	रेस ड्राइवर (m)	res draivar

| Radfahren (n) | साइकिलिंग (f) | saikiling |
| Radfahrer (m) | साइकिल चालक (m) | saikil chālak |

Weitsprung (m)	लांग जम्प (m)	lāng jamp
Stabhochsprung (m)	बांस कूद (m)	bāns kūd
Springer (m)	जम्पर (m)	jampar

114. Sportarten. Verschiedenes

American Football (m)	फ़ुटबाल (m)	futabāl
Federballspiel (n)	बैंडमिंटन (m)	baidamintan
Biathlon (n)	बायएथलॉन (m)	bāyethalon
Billard (n)	बिलियड्र्स (m)	biliyards

Bob (m)	बोबस्लेड (m)	bobasled
Bodybuilding (n)	बॉडीबिल्डिंग (m)	bodībilding
Wasserballspiel (n)	वॉटर-पोलो (m)	votar-polo
Handball (m)	हैन्डबॉल (f)	haindabol
Golf (n)	गोल्फ़ (m)	golf

Rudern (n)	नौकायन (m)	naukāyan
Tauchen (n)	स्कूबा डाइविंग (f)	skūba daiving
Skilanglauf (m)	क्रॉस कंट्री स्कीइंग (f)	kros kantrī skīing
Tischtennis (n)	टेबल टेनिस (m)	tebal tenis

Segelsport (m)	पाल नौकायन (m)	pāl naukāyan
Rallye (f, n)	रैली रेसिंग (f)	railī resing
Rugby (n)	रग्बी (m)	ragbī
Snowboard (n)	स्नोबोर्डिंग (m)	snobording
Bogenschießen (n)	तीरंदाज़ी (f)	tīrandāzī

115. Fitnessstudio

Hantel (f)	वेट (m)	vet
Hanteln (pl)	डाम्बबेल्स (m pl)	dāmbabels
Trainingsgerät (n)	ट्रेनिंग मशीन (f)	trening mashīn
Fahrradtrainer (m)	व्यायाम साइकिल (f)	vyāyām saikil

Laufband (n)	ट्रेडमिल (f)	tredamil
Reck (n)	क्षैतिज बार (m)	kshaitij bār
Barren (m)	समानांतर बार (m)	samānāntar bār
Sprungpferd (n)	घोड़ा (m)	ghora
Matte (f)	मैट (m)	mait

| Aerobic (n) | एरोबिक (m) | erobik |
| Yoga (m) | योग (m) | yog |

116. Sport. Verschiedenes

Olympische Spiele (pl)	ओलिम्पिक खेल (m pl)	olimpik khel
Sieger (m)	विजेता (m)	vijeta
siegen (vi)	विजय पाना	vijay pāna
gewinnen (Sieger sein)	जीतना	jītana

| Tabellenführer (m) | लीडर (m) | līdar |
| führen (vi) | लीड करना | līd karana |

der erste Platz	पहला स्थान (m)	pahala sthān
der zweite Platz	दूसरा स्थान (m)	dūsara sthān
der dritte Platz	तीसरा स्थान (m)	tīsara sthān

Medaille (f)	मेडल (m)	medal
Trophäe (f)	ट्रॉफी (f)	trofī
Pokal (m)	कप (m)	kap
Siegerpreis m (m)	पुरस्कार (m)	puraskār
Hauptpreis (m)	मुख्य पुरस्कार (m)	mukhy puraskār

| Rekord (m) | रिकॉर्ड (m) | rikord |
| einen Rekord aufstellen | रिकॉर्ड बनाना | rikord banāna |

| Finale (n) | फ़ाइनल (m) | fainal |
| Final- | अंतिम | antim |

| Meister (m) | चेम्पियन (m) | chempiyan |
| Meisterschaft (f) | चैम्पियनशिप (f) | chaimpiyanaship |

Stadion (n)	स्टेडियम (m)	stediyam
Tribüne (f)	सीट (f)	sīt
Fan (m)	फ़ैन (m)	fain
Gegner (m)	प्रतिद्वंद्वी (f)	pratidvandvī

| Start (m) | स्टार्ट (m) | stārt |
| Ziel (n), Finish (n) | फ़िनिश (f) | finish |

| Niederlage (f) | हार (f) | hār |
| verlieren (vt) | हारना | hārana |

Schiedsrichter (m)	रेफ़री (m)	refarī
Jury (f)	ज्यूरी (m)	jyūrī
Ergebnis (n)	स्कोर (m)	skor
Unentschieden (n)	टाई (m)	taī
unentschieden spielen	खेल टाइ करना	khel tai karana

| Punkt (m) | अंक (m) | ank |
| Ergebnis (n) | नतीजा (m) | natīja |

| Spielabschnitt (m) | टाइम (m) | taim |
| Halbzeit (f), Pause (f) | हाफ़ टाइम (m) | hāf taim |

Doping (n)	अवैध दवाओं का इस्तेमाल (m)	avaidh davaon ka istemāl
bestrafen (vt)	पेनल्टी लगाना	penaltī lagāna
disqualifizieren (vt)	डिस्क्वेलिफ़ाई करना	diskvelifaī karana

Sportgerät (n)	खेलकूद का सामान (m)	khelakūd ka sāmān
Speer (m)	भाला (m)	bhāla
Kugel (im Kugelstoßen)	गोला (m)	gola
Kugel (f), Ball (m)	गेंद (m)	gend

Ziel (n)	निशाना (m)	nishāna
Zielscheibe (f)	निशाना (m)	nishāna
schießen (vi)	गोली चलाना	golī chalāna
genau (Adj)	सटीक	satīk

Trainer (m)	प्रशिक्षक (m)	prashikshak
trainieren (vt)	प्रशिक्षित करना	prashikshit karana
trainieren (vi)	प्रशिक्षण करना	prashikshan karana
Training (n)	प्रशिक्षण (f)	prashikshan

Turnhalle (f)	जिम (m)	jim
Übung (f)	व्यायाम (m)	vyāyām
Aufwärmen (n)	वार्म-अप (m)	vārm-ap

Ausbildung

117. Schule

Schule (f)	पाठशाला (m)	pāthashāla
Schulleiter (m)	प्रिंसिपल (m)	prinsipal
Schüler (m)	छात्र (m)	chhātr
Schülerin (f)	छात्रा (f)	chhātra
Schuljunge (m)	छात्र (m)	chhātr
Schulmädchen (f)	छात्रा (f)	chhātra
lehren (vt)	पढ़ाना	parhāna
lernen (Englisch ~)	पढ़ना	parhana
auswendig lernen	याद करना	yād karana
lernen (vi)	सीखना	sīkhana
in der Schule sein	स्कूल में पढ़ना	skūl men parhana
die Schule besuchen	स्कूल जाना	skūl jāna
Alphabet (n)	वर्णमाला (f)	varnamāla
Fach (n)	विषय (m)	vishay
Klassenraum (m)	कक्षा (f)	kaksha
Stunde (f)	पाठ (m)	pāth
Pause (f)	अंतराल (m)	antarāl
Schulglocke (f)	स्कूल की घंटी (f)	skūl kī ghantī
Schulbank (f)	बेंच (f)	bench
Tafel (f)	चॉकबोर्ड (m)	chokabord
Note (f)	अंक (m)	ank
gute Note (f)	अच्छे अंक (m)	achchhe ank
schlechte Note (f)	कम अंक (m)	kam ank
eine Note geben	मार्क्स देना	mārks dena
Fehler (m)	ग़लती (f)	galatī
Fehler machen	ग़लती करना	galatī karana
korrigieren (vt)	ठीक करना	thīk karana
Spickzettel (m)	कुंजी (f)	kunjī
Hausaufgabe (f)	गृहकार्य (m)	grhakāry
Übung (f)	अभ्यास (m)	abhyās
anwesend sein	उपस्थित होना	upasthit hona
fehlen (in der Schule ~)	अनुपस्थित होना	anupasthit hona
bestrafen (vt)	सज़ा देना	saza dena
Strafe (f)	सज़ा (f)	saza
Benehmen (n)	बरताव (m)	baratāv
Zeugnis (n)	रिपोर्ट कार्ड (f)	riport kārd

Bleistift (m)	पेंसिल (f)	pensil
Radiergummi (m)	रबड़ (f)	rabar
Kreide (f)	चॉक (m)	chok
Federkasten (m)	पेंसिल का डिब्बा (m)	pensil ka dibba

| Schulranzen (m) | बस्ता (m) | basta |
| Kugelschreiber, Stift (m) | कलम (m) | kalam |

Heft (n)	कॉपी (f)	kopī
Lehrbuch (n)	पाठ्यपुस्तक (f)	pāthyapustak
Zirkel (m)	कंपास (m)	kampās

| zeichnen (vt) | तकनीकी चित्रकारी बनाना | takanīkī chitrakārī banāna |
| Zeichnung (f) | तकनीकी चित्रकारी (f) | takanīkī chitrakārī |

Gedicht (n)	कविता (f)	kavita
auswendig (Adv)	रटकर	ratakar
auswendig lernen	याद करना	yād karana

| Ferien (pl) | छुट्टियाँ (f pl) | chhuttiyān |
| in den Ferien sein | छुट्टी पर होना | chhuttī par hona |

Test (m), Prüfung (f)	परीक्षा (f)	parīksha
Aufsatz (m)	रचना (f)	rachana
Diktat (n)	श्रुतलेख (m)	shrutalekh

Prüfung (f)	परीक्षा (f)	parīksha
Prüfungen ablegen	परीक्षा देना	parīksha dena
Experiment (n)	परीक्षण (m)	parīkshan

118. Hochschule. Universität

Akademie (f)	अकादमी (f)	akādamī
Universität (f)	विश्वविद्यालय (m)	vishvavidyālay
Fakultät (f)	संकाय (f)	sankāy

Student (m)	छात्र (m)	chhātr
Studentin (f)	छात्रा (f)	chhātra
Lehrer (m)	अध्यापक (m)	adhyāpak

| Hörsaal (m) | व्याख्यान कक्ष (m) | vyākhyān kaksh |
| Hochschulabsolvent (m) | स्नातक (m) | snātak |

| Diplom (n) | डिप्लोमा (m) | diploma |
| Dissertation (f) | शोधनिबंध (m) | shodhanibandh |

| Forschung (f) | अध्ययन (m) | adhyayan |
| Labor (n) | प्रयोगशाला (f) | prayogashāla |

| Vorlesung (f) | व्याख्यान (f) | vyākhyān |
| Kommilitone (m) | सहपाठी (m) | sahapāthī |

| Stipendium (n) | छात्रवृत्ति (f) | chhātravrtti |
| akademischer Grad (m) | शैक्षणिक डिग्री (f) | shaikshanik digrī |

119. Naturwissenschaften. Fächer

Mathematik (f)	गणितशास्त्र (m)	ganitashāstr
Algebra (f)	बीजगणित (m)	bījaganit
Geometrie (f)	रेखागणित (m)	rekhāganit
Astronomie (f)	खगोलवैज्ञान (m)	khagolavaigyān
Biologie (f)	जीवविज्ञान (m)	jīvavigyān
Erdkunde (f)	भूगोल (m)	bhūgol
Geologie (f)	भूविज्ञान (m)	bhūvigyān
Geschichte (f)	इतिहास (m)	itihās
Medizin (f)	चिकित्सा (m)	chikitsa
Pädagogik (f)	शिक्षाविज्ञान (m)	shikshāvigyān
Recht (n)	कानून (m)	kānūn
Physik (f)	भौतिकविज्ञान (m)	bhautikavigyān
Chemie (f)	रसायन (m)	rasāyan
Philosophie (f)	दर्शनशास्त्र (m)	darshanashāstr
Psychologie (f)	मनोविज्ञान (m)	manovigyān

120. Schrift Rechtschreibung

Grammatik (f)	व्याकरण (m)	vyākaran
Lexik (f)	शब्दावली (f)	shabdāvalī
Phonetik (f)	स्वरविज्ञान (m)	svaravigyān
Substantiv (n)	संज्ञा (f)	sangya
Adjektiv (n)	विशेषण (m)	visheshan
Verb (n)	क्रिया (m)	kriya
Adverb (n)	क्रिया विशेषण (f)	kriya visheshan
Pronomen (n)	सर्वनाम (m)	sarvanām
Interjektion (f)	विस्मयादिबोधक (m)	vismayādibodhak
Präposition (f)	पूर्वसर्ग (m)	pūrvasarg
Wurzel (f)	मूल शब्द (m)	mūl shabd
Endung (f)	अन्त्याक्षर (m)	antyākshar
Vorsilbe (f)	उपसर्ग (m)	upasarg
Silbe (f)	अक्षर (m)	akshar
Suffix (n), Nachsilbe (f)	प्रत्यय (m)	pratyay
Betonung (f)	बल चिह्न (m)	bal chihn
Apostroph (m)	वर्णलोप चिह्न (m)	varnalop chihn
Punkt (m)	पूर्णविराम (m)	pūrnavirām
Komma (n)	उपविराम (m)	upavirām
Semikolon (n)	अर्धविराम (m)	ardhavirām
Doppelpunkt (m)	कोलन (m)	kolan
Auslassungspunkte (pl)	तीन बिन्दु (m)	tīn bindu
Fragezeichen (n)	प्रश्न चिह्न (m)	prashn chihn
Ausrufezeichen (n)	विस्मयादिबोधक चिह्न (m)	vismayādibodhak chihn

Anführungszeichen (pl)	उद्धरण चिह्न (m)	uddharan chihn
in Anführungszeichen	उद्धरण चिह्न में	uddharan chihn men
runde Klammern (pl)	कोष्ठक (m pl)	koshthak
in Klammern	कोष्ठक में	koshthak men
Bindestrich (m)	हाइफन (m)	haifan
Gedankenstrich (m)	डैश (m)	daish
Leerzeichen (n)	रिक्त स्थान (m)	rikt sthān
Buchstabe (m)	अक्षर (m)	akshar
Großbuchstabe (m)	बड़ा अक्षर (m)	bara akshar
Vokal (m)	स्वर (m)	svar
Konsonant (m)	समस्वर (m)	samasvar
Satz (m)	वाक्य (m)	vāky
Subjekt (n)	कर्ता (m)	kartta
Prädikat (n)	विधेय (m)	vidhey
Zeile (f)	पंक्ति (f)	pankti
in einer neuen Zeile	नई पंक्ति पर	naī pankti par
Absatz (m)	अनुच्छेद (m)	anuchchhed
Wort (n)	शब्द (m)	shabd
Wortverbindung (f)	शब्दों का समूह (m)	shabdon ka samūh
Redensart (f)	अभिव्यक्ति (f)	abhivyakti
Synonym (n)	समनार्थक शब्द (m)	samanārthak shabd
Antonym (n)	विपरीतार्थी शब्द (m)	viparītārthī shabd
Regel (f)	नियम (m)	niyam
Ausnahme (f)	अपवाद (m)	apavād
richtig (Adj)	ठीक	thīk
Konjugation (f)	क्रियारूप संयोजन (m)	kriyārūp sanyojan
Deklination (f)	विभक्ति-रूप (m)	vibhakti-rūp
Kasus (m)	कारक (m)	kārak
Frage (f)	प्रश्न (m)	prashn
unterstreichen (vt)	रेखांकित करना	rekhānkit karana
punktierte Linie (f)	बिन्दुरेखा (f)	bindurekha

121. Fremdsprachen

Sprache (f)	भाषा (f)	bhāsha
Fremdsprache (f)	विदेशी भाषा (f)	videshī bhāsha
studieren (z.B. Jura ~)	पढ़ना	parhana
lernen (Englisch ~)	सीखना	sīkhana
lesen (vi, vt)	पढ़ना	parhana
sprechen (vi, vt)	बोलना	bolana
verstehen (vt)	समझना	samajhana
schreiben (vi, vt)	लिखना	likhana
schnell (Adv)	तेज़	tez
langsam (Adv)	धीरे	dhīre

fließend (Adv)	धड़ल्ले से	dharalle se
Regeln (pl)	नियम (m pl)	niyam
Grammatik (f)	व्याकरण (m)	vyākaran
Vokabular (n)	शब्दावली (f)	shabdāvalī
Phonetik (f)	स्वरविज्ञान (m)	svaravigyān

Lehrbuch (n)	पाठ्यपुस्तक (f)	pāthyapustak
Wörterbuch (n)	शब्दकोश (m)	shabdakosh
Selbstlernbuch (n)	स्वयंशिक्षक पुस्तक (m)	svayanshikshak pustak
Sprachführer (m)	वार्तालाप-पुस्तिका (f)	vārttālāp-pustika

Kassette (f)	कैसेट (f)	kaiset
Videokassette (f)	वीडियो कैसेट (m)	vīdiyo kaiset
CD (f)	सीडी (m)	sīdī
DVD (f)	डीवीडी (m)	dīvīdī

Alphabet (n)	वर्णमाला (f)	varnamāla
buchstabieren (vt)	हिज्जे करना	hijje karana
Aussprache (f)	उच्चारण (m)	uchchāran

Akzent (m)	लहज़ा (m)	lahaza
mit Akzent	लहज़े के साथ	lahaze ke sāth
ohne Akzent	बिना लहज़े	bina lahaze

| Wort (n) | शब्द (m) | shabd |
| Bedeutung (f) | मतलब (m) | matalab |

Kurse (pl)	पाठ्यक्रम (m)	pāthyakram
sich einschreiben	सदस्य बनना	sadasy banana
Lehrer (m)	शिक्षक (m)	shikshak

Übertragung (f)	तर्जुमा (m)	tarjuma
Übersetzung (f)	अनुवाद (m)	anuvād
Übersetzer (m)	अनुवादक (m)	anuvādak
Dolmetscher (m)	दुभाषिया (m)	dubhāshiya

| Polyglott (m, f) | बहुभाषी (m) | bahubhāshī |
| Gedächtnis (n) | स्मृति (f) | smrti |

122. Märchenfiguren

| Weihnachtsmann (m) | सांता क्लॉज़ (m) | sānta kloz |
| Nixe (f) | जलपरी (f) | jalaparī |

Zauberer (m)	जादूगर (m)	jādūgar
Zauberin (f)	परी (f)	parī
magisch, Zauber-	जादूई	jādūī
Zauberstab (m)	जादू की छड़ी (f)	jādū kī chharī

Märchen (n)	परियों की कहानी (f)	pariyon kī kahānī
Wunder (n)	करामात (f)	karāmāt
Zwerg (m)	बौना (m)	bauna
sich verwandeln in ...	... में बदल जाना	... men badal jāna
Geist (m)	भूत (m)	bhūt

Gespenst (n)	प्रेत (m)	pret
Ungeheuer (n)	राक्षस (m)	rākshas
Drache (m)	पंखवाला नाग (m)	pankhavāla nāg
Riese (m)	भीमकाय (m)	bhīmakāy

123. Sternzeichen

Widder (m)	मेष (m)	mesh
Stier (m)	वृषभ (m)	vrshabh
Zwillinge (pl)	मिथुन (m)	mithun
Krebs (m)	कर्क (m)	kark
Löwe (m)	सिंह (m)	sinh
Jungfrau (f)	कन्या (f)	kanya

Waage (f)	तुला (f pl)	tula
Skorpion (m)	वृश्चिक (m)	vrshchik
Schütze (m)	धनु (m)	dhanu
Steinbock (m)	मकर (m)	makar
Wassermann (m)	कुंभ (m)	kumbh
Fische (pl)	मीन (m pl)	mīn

Charakter (m)	स्वभाव (m)	svabhāv
Charakterzüge (pl)	गुण (m pl)	gun
Benehmen (n)	बरताव (m)	baratāv
wahrsagen (vt)	भविष्यवाणी करना	bhavishyavānī karana
Wahrsagerin (f)	ज्योतिषी (m)	jyotishī
Horoskop (n)	जन्म कुंडली (f)	janm kundalī

Kunst

124. Theater

Theater (n)	रंगमंच (m)	rangamanch
Oper (f)	ओपेरा (m)	opera
Operette (f)	ऑपेराटा (m)	operāta
Ballett (n)	बैले (m)	baile
Theaterplakat (n)	रंगमंच इश्तहार (m)	rangamanch ishtahār
Truppe (f)	थियेटर कंपनी (f)	thiyetar kampanī
Tournee (f)	दौरा (m)	daura
auf Tournee sein	दौरे पर जाना	daure par jāna
proben (vt)	अभ्यास करना	abhyās karana
Probe (f)	अभ्यास (m)	abhyās
Spielplan (m)	प्रदर्शनों की सूची (f)	pradarshanon kī sūchī
Aufführung (f)	प्रदर्शन (m)	pradarshan
Vorstellung (f)	प्रदर्शन (m)	pradarshan
Theaterstück (n)	नाटक (m)	nātak
Karte (f)	टिकट (m)	tikat
Theaterkasse (f)	टिकट घर (m)	tikat ghar
Halle (f)	हॉल (m)	hol
Garderobe (f)	कपड़द्वार (m)	kaparadvār
Garderobennummer (f)	कपड़द्वार टैग (m)	kaparadvār taig
Opernglas (n)	दूरबीन (f)	dūrabīn
Platzanweiser (m)	कंडक्टर (m)	kandaktar
Parkett (n)	सीटें (f)	sīten
Balkon (m)	अपर सर्कल (m)	apar sarkal
der erste Rang	दूसरी मंज़िल (f)	dūsarī manzil
Loge (f)	बॉक्स (m)	boks
Reihe (f)	कतार (m)	katār
Platz (m)	सीट (f)	sīt
Publikum (n)	दर्शक (m)	darshak
Zuschauer (m)	दर्शक (m)	darshak
klatschen (vi)	ताली बजाना	tālī bajāna
Applaus (m)	तालियाँ (f pl)	tāliyān
Ovation (f)	तालियों की गड़गड़ाहट (m)	tāliyon kī garagarāhat
Bühne (f)	मंच (m)	manch
Vorhang (m)	पर्दा (m)	parda
Dekoration (f)	मंच सज्जा (f)	manch sajja
Kulissen (pl)	नेपथ्य (m pl)	nepathy
Szene (f)	दृश्य (m)	drshy
Akt (m)	एक्ट (m)	ekt
Pause (f)	अंतराल (m)	antarāl

125. Kino

Schauspieler (m)	अभिनेता (m)	abhineta
Schauspielerin (f)	अभिनेत्री (f)	abhinetrī
Kino (n)	सिनेमा (m)	sinema
Film (m)	फ़िल्म (m)	film
Folge (f)	उपकथा (m)	upakatha
Krimi (m)	जासूसी फ़िल्म (f)	jāsūsī film
Actionfilm (m)	एक्शन फ़िल्म (f)	ekshan film
Abenteuerfilm (m)	जोखिम भरी फ़िल्म (f)	jokhim bharī film
Science-Fiction-Film (m)	कल्पित विज्ञान की फ़िल्म (f)	kalpit vigyān kī film
Horrorfilm (m)	डरावनी फ़िल्म (f)	darāvanī film
Komödie (f)	मज़ाकिया फ़िल्म (f)	mazākiya film
Melodrama (n)	भावुक नाटक (m)	bhāvuk nātak
Drama (n)	नाटक (m)	nātak
Spielfilm (m)	काल्पनिक फ़िल्म (f)	kālpanik film
Dokumentarfilm (m)	वृत्तचित्र (m)	vrttachitr
Zeichentrickfilm (m)	कार्टून (m)	kārtūn
Stummfilm (m)	मूक फ़िल्म (f)	mūk film
Rolle (f)	भूमिका (f)	bhūmika
Hauptrolle (f)	मुख्य भूमिका (f)	mūkhy bhūmika
spielen (Schauspieler)	भूमिका निभाना	bhūmika nibhāna
Filmstar (m)	फ़िल्म स्टार (m)	film stār
bekannt	मशहूर	mashahūr
berühmt	मशहूर	mashahūr
populär	लोकप्रिय	lokapriy
Drehbuch (n)	पटकथा (f)	patakatha
Drehbuchautor (m)	पटकथा लेखक (m)	patakatha lekhak
Regisseur (m)	निर्देशक (m)	nirdeshak
Produzent (m)	प्रइयूसर (m)	pradyūsar
Assistent (m)	सहायक (m)	sahāyak
Kameramann (m)	कैमरामैन (m)	kaimarāmain
Stuntman (m)	स्टंटमैन (m)	stantamain
einen Film drehen	फ़िल्म शूट करना	film shūt karana
Probe (f)	स्क्रीन टेस्ट (m)	skrīn test
Dreharbeiten (pl)	शूटिंग (f pl)	shūting
Filmteam (n)	शूटिंग दल (m)	shūting dal
Filmset (m)	शूटिंग स्थल (m)	shuting sthal
Filmkamera (f)	कैमरा (m)	kaimara
Kino (n)	सिनेमाघर (m)	sinemāghar
Leinwand (f)	स्क्रीन (m)	skrīn
einen Film zeigen	फ़िल्म दिखाना	film dikhāna
Tonspur (f)	साउंडट्रैक (m)	saundatraik
Spezialeffekte (pl)	ख़ास प्रभाव (m pl)	khās prabhāv
Untertitel (pl)	सबटाइटिल (f)	sabataitil

| Abspann (m) | टाइटिल (m pl) | taitil |
| Übersetzung (f) | अनुवाद (m) | anuvād |

126. Gemälde

Kunst (f)	कला (f)	kala
schönen Künste (pl)	ललित कला (f)	lalit kala
Kunstgalerie (f)	चित्रशाला (f)	chitrashāla
Kunstausstellung (f)	चित्रों की प्रदर्शनी (f)	chitron kī pradarshanī

Malerei (f)	चित्रकला (f)	chitrakala
Graphik (f)	रेखाचित्र कला (f)	rekhāchitr kala
abstrakte Kunst (f)	अमूर्त चित्रण (m)	amūrtt chitran
Impressionismus (m)	प्रभाववाद (m)	prabhāvavād

Bild (n)	चित्र (m)	chitr
Zeichnung (Kohle- usw.)	रेखाचित्र (f)	rekhāchitr
Plakat (n)	पोस्टर (m)	postar

Illustration (f)	चित्रण (m)	chitran
Miniatur (f)	लघु चित्र (m)	laghu chitr
Kopie (f)	प्रति (f)	prati
Reproduktion (f)	प्रतिकृत (f)	pratikrt

Mosaik (n)	पच्चीकारी (f)	pachchīkārī
Glasmalerei (f)	रंगीन काँच	rangīn kānch
Fresko (n)	लेपचित्र (m)	lepachitr
Gravüre (f)	एनग्रेविंग (m)	enagreving

Büste (f)	बस्ट (m)	bast
Skulptur (f)	मूर्तिकला (f)	mūrtikala
Statue (f)	मूर्ति (f)	mūrti
Gips (m)	सिलखड़ी (f)	silakharī
aus Gips	सिलखड़ी से	silakharī se

Porträt (n)	रूपचित्र (m)	rūpachitr
Selbstporträt (n)	स्वचित्र (m)	svachitr
Landschaftsbild (n)	प्रकृति चित्र (m)	prakrti chitr
Stillleben (n)	अचल चित्र (m)	achal chitr
Karikatur (f)	कार्टून (m)	kārtūn
Entwurf (m)	रेखाचित्र (f)	rekhāchitr

Farbe (f)	पेंट (f)	pent
Aquarellfarbe (f)	जलरंग (m)	jalarang
Öl (n)	तेलरंग (m)	telarang
Bleistift (m)	पेंसिल (f)	pensil
Tusche (f)	स्याही (f)	syāhī
Kohle (f)	कोयला (m)	koyala

zeichnen (vt)	रेखाचित्र बनाना	rekhāchitr banāna
Modell stehen	पोज़ करना	poz karana
Modell (Mask.)	मॉडल (m)	modal
Modell (Fem.)	मॉडल (m)	modal
Maler (m)	चित्रकार (m)	chitrakār

Kunstwerk (n)	कलाकृति (f)	kalākrti
Meisterwerk (n)	अत्युत्तम कृति (f)	atyuttam krti
Atelier (n), Werkstatt (f)	स्टुडियो (m)	studiyo

Leinwand (f)	चित्रपटी (f)	chitrapatī
Staffelei (f)	चित्राधार (m)	chitrādhār
Palette (f)	रंग पट्टिका (f)	rang pattika

Rahmen (m)	ढांचा (m)	dhāncha
Restauration (f)	जीर्णोद्धार (m)	jīrnoddhār
restaurieren (vt)	मरम्मत करना	marammat karana

127. Literatur und Dichtkunst

Literatur (f)	साहित्य (m)	sāhity
Autor (m)	लेखक (m)	lekhak
Pseudonym (n)	छद्मनाम (m)	chhadmanām

Buch (n)	किताब (f)	kitāb
Band (m)	खंड (m)	khand
Inhaltsverzeichnis (n)	अनुक्रमणिका (f)	anukramanika
Seite (f)	पृष्ठ (m)	prshth
Hauptperson (f)	मुख्य किरदार (m)	mūkhy kiradār
Autogramm (n)	स्वाक्षर (m)	svākshar

Kurzgeschichte (f)	लघु कथा (f)	laghu katha
Erzählung (f)	उपन्यासिका (f)	upanyāsika
Roman (m)	उपन्यास (m)	upanyās
Werk (Buch usw.)	रचना (f)	rachana
Fabel (f)	नीतिकथा (f)	nītikatha
Krimi (m)	जासूसी कहानी (f)	jāsūsī kahānī

Gedicht (n)	कविता (f)	kavita
Dichtung (f), Poesie (f)	काव्य (m)	kāvy
Gedicht (n)	कविता (f)	kavita
Dichter (m)	कवि (m)	kavi

schöne Literatur (f)	उपन्यास (m)	upanyās
Science-Fiction (f)	विज्ञान कथा (f)	vigyān katha
Abenteuer (n)	रोमांच (m)	romānch
Schülerliteratur (pl)	शैक्षिक साहित्य (m)	shaikshik sāhity
Kinderliteratur (f)	बाल साहित्य (m)	bāl sāhity

128. Zirkus

Zirkus (m)	सर्कस (m)	sarkas
Wanderzirkus (m)	सर्कस (m)	sarkas
Programm (n)	प्रोग्राम (m)	program
Vorstellung (f)	तमाशा (m)	tamāsha

| Nummer (f) | ऐक्ट (m) | aikt |
| Manege (f) | सर्कस रिंग (m) | sarkas ring |

Pantomime (f)	मूकाभिनय (m)	mūkābhinay
Clown (m)	जोकर (m)	jokar

Akrobat (m)	कलाबाज़ (m)	kalābāz
Akrobatik (f)	कलाबाज़ी (f)	kalābāzī
Turner (m)	जिमनैस्ट (m)	jimanaist
Turnen (n)	जिमनैस्टिक्स (m)	jimanaistiks
Salto (m)	कलैया (m)	kalaiya

Kraftmensch (m)	एथलीट (m)	ethalīt
Bändiger, Dompteur (m)	जानवरों का शिक्षक (m)	jānavaron ka shikshak
Reiter (m)	सवारी (m)	savārī
Assistent (m)	सहायक (m)	sahāyak

Trick (m)	कलाबाज़ी (f)	kalābāzī
Zaubertrick (m)	जादू (m)	jādū
Zauberkünstler (m)	जादूगर (m)	jādūgar

Jongleur (m)	बाज़ीगर (m)	bāzīgar
jonglieren (vi)	बाज़ीगिरी दिखाना	bāzīgirī dikhāna
Dresseur (m)	जानवरों का प्रशिक्षक (m)	jānavaron ka prashikshak
Dressur (f)	पशु प्रशिक्षण (m)	pashu prashikshan
dressieren (vt)	प्रशिक्षण देना	prashikshan dena

129. Musik. Popmusik

Musik (f)	संगीत (m)	sangit
Musiker (m)	साज़िन्दा (m)	sāzinda
Musikinstrument (n)	बाजा (m)	bāja
spielen (auf der Gitarre ~)	... बजाना	... bajāna

Gitarre (f)	गिटार (m)	gitār
Geige (f)	वॉयलिन (m)	voyalin
Cello (n)	चैलो (m)	chailo
Kontrabass (m)	डबल बास (m)	dabal bās
Harfe (f)	हार्प (m)	hārp

Klavier (n)	पियानो (m)	piyāno
Flügel (m)	ग्रैंड पियानो (m)	graind piyāno
Orgel (f)	ऑर्गन (m)	organ

Blasinstrumente (pl)	सुषिर वाध (m)	sushir vādy
Oboe (f)	ओबो (m)	obo
Saxophon (n)	सैक्सोफोन (m)	saiksofon
Klarinette (f)	क्लेरिनेट (m)	klerinet
Flöte (f)	मुरली (f)	muralī
Trompete (f)	तुरही (m)	turahī

Akkordeon (n)	एकॉर्डियन (m)	ekordiyan
Trommel (f)	नगाड़ा (m)	nagāra

Duo (n)	द्विवाध (m)	dvivādy
Trio (n)	त्रयी (f)	trayī
Quartett (n)	क्वार्टेट (m)	kvārtat

| Chor (m) | कोरस (m) | koras |
| Orchester (n) | ऑर्केस्ट्रा (m) | orkestra |

Popmusik (f)	पॉप संगीत (m)	pop sangīt
Rockmusik (f)	रॉक संगीत (m)	rok sangīt
Rockgruppe (f)	रोक ग्रूप (m)	rok grūp
Jazz (m)	जैज़ (m)	jaiz

| Idol (n) | आइडल (m) | āidal |
| Verehrer (m) | प्रशंसक (m) | prashansak |

Konzert (n)	कंसर्ट (m)	kansart
Sinfonie (f)	वाध-वृंद रचना (f)	vādy-vrnd rachana
Komposition (f)	रचना (f)	rachana
komponieren (vt)	रचना बनाना	rachana banāna

Gesang (m)	गाना (m)	gāna
Lied (n)	गीत (m)	gīt
Melodie (f)	संगीत (m)	sangit
Rhythmus (m)	ताल (m)	tāl
Blues (m)	ब्लूज़ (m)	blūz

Noten (pl)	शीट संगीत (m)	shīt sangīt
Taktstock (m)	छड़ी (f)	chharī
Bogen (m)	गज (m)	gaj
Saite (f)	तार (m)	tār
Koffer (Violinen-)	केस (m)	kes

Erholung. Unterhaltung. Reisen

130. Ausflug. Reisen

Tourismus (m)	पर्यटन (m)	paryatan
Tourist (m)	पर्यटक (m)	paryatak
Reise (f)	यात्रा (f)	yātra
Abenteuer (n)	जाँबाज़ी (f)	jānbāzī
Fahrt (f)	यात्रा (f)	yātra
Urlaub (m)	छुट्टी (f)	chhuttī
auf Urlaub sein	छुट्टी पर होना	chhuttī par hona
Erholung (f)	आराम (m)	ārām
Zug (m)	रेलगाड़ी, ट्रेन (f)	relagārī, tren
mit dem Zug	रैलगाड़ी से	railagārī se
Flugzeug (n)	विमान (m)	vimān
mit dem Flugzeug	विमान से	vimān se
mit dem Auto	कार से	kār se
mit dem Schiff	जहाज़ पर	jahāz par
Gepäck (n)	सामान (m)	sāmān
Koffer (m)	सूटकेस (m)	sūtakes
Gepäckwagen (m)	सामान के लिये गाड़ी (f)	sāmān ke liye gārī
Pass (m)	पासपोर्ट (m)	pāsaport
Visum (n)	वीज़ा (m)	vīza
Fahrkarte (f)	टिकट (m)	tikat
Flugticket (n)	हवाई टिकट (m)	havaī tikat
Reiseführer (m)	गाइडबुक (f)	gaidabuk
Landkarte (f)	नक्शा (m)	naksha
Gegend (f)	क्षेत्र (m)	kshetr
Ort (wunderbarer ~)	स्थान (m)	sthān
Exotika (pl)	विचित्र वस्तुएं	vichitr vastuen
exotisch	विचित्र	vichitr
erstaunlich (Adj)	अजीब	ajīb
Gruppe (f)	समूह (m)	samūh
Ausflug (m)	पर्यटन (f)	paryatan
Reiseleiter (m)	गाइड (m)	gaid

131. Hotel

Hotel (n)	होटल (f)	hotal
Motel (n)	मोटल (m)	motal
drei Sterne	तीन सितारा	tīn sitāra

| fünf Sterne | पाँच सितारा | pānch sitāra |
| absteigen (vi) | ठहरना | thaharana |

Hotelzimmer (n)	कमरा (m)	kamara
Einzelzimmer (n)	एक पलंग का कमरा (m)	ek palang ka kamara
Zweibettzimmer (n)	दो पलंगों का कमरा (m)	do palangon ka kamara
reservieren (vt)	कमरा बुक करना	kamara buk karana

| Halbpension (f) | हाफ़-बोर्ड (m) | hāf-bord |
| Vollpension (f) | फ़ुल-बोर्ड (m) | ful-bord |

mit Bad	स्नानघर के साथ	snānaghar ke sāth
mit Dusche	शॉवर के साथ	shovar ke sāth
Satellitenfernsehen (n)	सैटेलाइट टेलीविज़न (m)	saitelait telīvizan
Klimaanlage (f)	एयर-कंडिशनर (m)	eyar-kandishanar
Handtuch (n)	तौलिया (f)	tauliya
Schlüssel (m)	चाबी (f)	chābī

Verwalter (m)	मैनेजर (m)	mainejar
Zimmermädchen (n)	चैम्बरमैड (f)	chaimabaramaid
Träger (m)	कुली (m)	kulī
Portier (m)	दरबान (m)	darabān

Restaurant (n)	रेस्टराँ (m)	restarān
Bar (f)	बार (m)	bār
Frühstück (n)	नाश्ता (m)	nāshta
Abendessen (n)	रात्रिभोज (m)	rātribhoj
Buffet (n)	बुफ़े (m)	bufe

| Foyer (n) | लॉबी (f) | lobī |
| Aufzug (m), Fahrstuhl (m) | लिफ़्ट (m) | lift |

| BITTE NICHT STÖREN! | परेशान न करें | pareshān na karen |
| RAUCHEN VERBOTEN! | धूम्रपान निषेध! | dhumrapān nishedh! |

132. Bücher. Lesen

Buch (n)	किताब (f)	kitāb
Autor (m)	लेखक (m)	lekhak
Schriftsteller (m)	लेखक (m)	lekhak
verfassen (vt)	लिखना	likhana

Leser (m)	पाठक (m)	pāthak
lesen (vi, vt)	पढ़ना	parhana
Lesen (n)	पढ़ना (f)	parhana

| still (~ lesen) | मन ही मन | man hī man |
| laut (Adv) | बोलकर | bolakar |

verlegen (vt)	प्रकाशित करना	prakāshit karana
Ausgabe (f)	प्रकाशन (m)	prakāshan
Herausgeber (m)	प्रकाशक (m)	prakāshak
Verlag (m)	प्रकाशन संस्था (m)	prakāshan sanstha
erscheinen (Buch)	बाज़ार में निकालना (m)	bāzār men nikālana

| Erscheinen (n) | बाज़ार में निकालना (m) | bāzār men nikālana |
| Auflage (f) | मुद्रण संख्या (f) | mudran sankhya |

| Buchhandlung (f) | किताबों की दुकान (f) | kitābon kī dukān |
| Bibliothek (f) | पुस्तकालय (m) | pustakālay |

Erzählung (f)	उपन्यासिका (f)	upanyāsika
Kurzgeschichte (f)	लघु कहानी (f)	laghu kahānī
Roman (m)	उपन्यास (m)	upanyās
Krimi (m)	जासूसी किताब (m)	jāsūsī kitāb

Memoiren (pl)	संस्मरण (m pl)	sansmaran
Legende (f)	उपाख्यान (m)	upākhyān
Mythos (m)	पुराणकथा (m)	purānakatha

Gedichte (pl)	कविताएँ (f pl)	kavitaen
Autobiographie (f)	आत्मकथा (m)	ātmakatha
ausgewählte Werke (pl)	चुनिंदा कृतियाँ (f)	chuninda krtiyān
Science-Fiction (f)	कल्पित विज्ञान (m)	kalpit vigyān

Titel (m)	किताब का नाम (m)	kitāb ka nām
Einleitung (f)	भूमिका (f)	bhūmika
Titelseite (f)	टाइटिल पृष्ठ (m)	taitil prshth

Kapitel (n)	अध्याय (m)	adhyāy
Auszug (m)	अंश (m)	ansh
Episode (f)	उपकथा (f)	upakatha

Sujet (n)	कथानक (m)	kathānak
Inhalt (m)	कथा-वस्तु (f)	katha-vastu
Inhaltsverzeichnis (n)	अनुक्रमणिका (f)	anukramanika
Hauptperson (f)	मुख्य किरदार (m)	mūkhy kiradār

Band (m)	खंड (m)	khand
Buchdecke (f)	जिल्द (f)	jild
Einband (m)	जिल्द (f)	jild
Lesezeichen (n)	बुकमार्क (m)	bukamārk

Seite (f)	पृष्ठ (m)	prshth
blättern (vi)	पन्ने पलटना	panne palatana
Ränder (pl)	हाशिया (m pl)	hāshiya
Notiz (f)	टिप्पणी (f)	tippanī
Anmerkung (f)	टिप्पणी (f)	tippanī

Text (m)	पाठ (m)	pāth
Schrift (f)	मुद्रलिपि (m)	mudrālipi
Druckfehler (m)	छपाई की भूल (f)	chhapaī kī bhūl

Übersetzung (f)	अनुवाद (m)	anuvād
übersetzen (vt)	अनुवाद करना	anuvād karana
Original (n)	मूल पाठ (m)	mūl pāth

berühmt	मशहूर	mashahūr
unbekannt	अपरिचित	aparichit
interessant	दिलचस्प	dilachasp
Bestseller (m)	बेस्ट सेलर (m)	best selar

Wörterbuch (n)	शब्दकोश (m)	shabdakosh
Lehrbuch (n)	पाठ्यपुस्तक (f)	pāthyapustak
Enzyklopädie (f)	विश्वकोश (m)	vishvakosh

133. Jagen. Fischen

Jagd (f)	शिकार (m)	shikār
jagen (vi)	शिकार करना	shikār karana
Jäger (m)	शिकारी (m)	shikārī
schießen (vi)	गोली चलाना	golī chalāna
Gewehr (n)	बंदूक (m)	bandūk
Patrone (f)	कारतूस (m)	kāratūs
Schrot (n)	कारतूस (m)	kāratūs
Falle (f)	जाल (m)	jāl
Schlinge (f)	जाल (m)	jāl
eine Falle stellen	जाल बिछाना	jāl bichhāna
Wilddieb (m)	चोर शिकारी (m)	chor shikārī
Wild (n)	शिकार के पशुपक्षी (f)	shikār ke pashupakshī
Jagdhund (m)	शिकार का कुत्ता (m)	shikār ka kutta
Safari (f)	सफ़ारी (m)	safārī
ausgestopftes Tier (n)	जानवरों का पुतला (m)	jānavaron ka putala
Fischer (m)	मछुआरा (m)	machhuāra
Fischen (n)	मछली पकड़ना (f)	machhalī pakarana
angeln, fischen (vi)	मछली पकड़ना	machhalī pakarana
Angel (f)	बंसी (f)	bansī
Angelschnur (f)	डोरी (f)	dorī
Haken (m)	हूक (m)	hūk
Schwimmer (m)	फ्लोट (m)	flot
Köder (m)	चारा (m)	chāra
die Angel auswerfen	बंसी डालना	bansī dālana
anbeißen (vi)	चुगना	chugana
Fang (m)	मछलियाँ (f)	machhaliyān
Eisloch (n)	आइस होल (m)	āis hol
Netz (n)	जाल (m)	jāl
Boot (n)	नाव (m)	nāv
mit dem Netz fangen	जाल से पकड़ना	jāl se pakarana
das Netz hineinwerfen	जाल डालना	jāl dālana
das Netz einholen	जाल निकालना	jāl nikālana
Walfänger (m)	हेलर (m)	hvelar
Walfangschiff (n)	हेलमार जहाज़ (m)	hvelamār jahāz
Harpune (f)	मत्स्यभाला (m)	matsyabhāla

134. Spiele. Billard

Billard (n)	बिलियड्स (m)	biliyards
Billardzimmer (n)	बिलियड्स का कमरा (m)	biliyards ka kamara

Billardkugel (f)	बिलियड्‌र्स की गेंद (f)	biliyards kī gend
eine Kugel einlochen	गेंद पॉकेट में डालना	gend poket men dālana
Queue (n)	बिलियड्‌र्स का क्यू (m)	biliyards ka kyū
Tasche (f), Loch (n)	बिलियड्‌र्स की पॉकेट (f)	biliyards kī poket

135. Spiele. Kartenspiele

Karo (n)	ईंट (f pl)	īnt
Pik (n)	हुक्म (m pl)	hukm
Herz (n)	पान (m)	pān
Kreuz (n)	चिड़ी (m)	chirī

As (n)	इक्का (m)	ikka
König (m)	बादशाह (m)	bādashāh
Dame (f)	बेगम (f)	begam
Bube (m)	गुलाम (m)	gulām

Spielkarte (f)	ताश का पत्ता (m)	tāsh ka patta
Karten (pl)	ताश के पत्ते (m pl)	tāsh ke patte
Trumpf (m)	ट्रम्प (m)	tramp
Kartenspiel (abgenutztes ~)	ताश की गड्डी (f)	tāsh kī gaddī

ausgeben (vt)	ताश बांटना	tāsh bāntana
mischen (vt)	पत्ते फेंटना	patte fentana
Zug (m)	चाल (f)	chāl
Falschspieler (m)	पत्तेबाज़ (m)	pattebāz

136. Erholung. Spiele. Verschiedenes

spazieren gehen (vi)	घूमना	ghūmana
Spaziergang (m)	सैर (f)	sair
Fahrt (im Wagen)	सफ़र (m)	safar
Abenteuer (n)	साहसिक कार्य (m)	sāhasik kāry
Picknick (n)	पिकनिक (f)	pikanik

Spiel (n)	खेल (m)	khel
Spieler (m)	खिलाड़ी (m)	khilārī
Partie (f)	बाज़ी (f)	bāzī

Sammler (m)	संग्राहक (m)	sangrāhak
sammeln (vt)	संग्राहण करना	sangrāhan karana
Sammlung (f)	संग्रह (m)	sangrah

Kreuzworträtsel (n)	पहेली (f)	pahelī
Rennbahn (f)	रेसकोर्स (m)	resakors
Diskothek (f)	डिस्को (m)	disko

| Sauna (f) | सौना (m) | sauna |
| Lotterie (f) | लॉटरी (f) | lotarī |

| Wanderung (f) | कैम्पिंग ट्रिप (f) | kaimping trip |
| Lager (n) | डेरा (m) | dera |

Zelt (n)	तंबू (m)	tambū
Kompass (m)	दिशा सूचक यंत्र (m)	disha sūchak yantr
Tourist (m)	शिविरार्थी (m)	shivirārthī

fernsehen (vi)	देखना	dekhana
Fernsehzuschauer (m)	दर्शक (m)	darshak
Fernsehsendung (f)	टीवी प्रसारण (m)	tīvī prasāran

137. Fotografie

| Kamera (f) | कैमरा (m) | kaimara |
| Foto (n) | फ़ोटो (m) | foto |

Fotograf (m)	फ़ोटोग्राफ़र (m)	fotogrāfar
Fotostudio (n)	फ़ोटो स्टूडियो (m)	foto stūdiyo
Fotoalbum (n)	फ़ोटो अल्बम (f)	foto albam

Objektiv (n)	कैमरे का लेंस (m)	kaimare ka lens
Teleobjektiv (n)	टेलिफ़ोटो लेन्स (m)	telifoto lens
Filter (n)	फ़िल्टर (m)	filtar
Linse (f)	लेंस (m)	lens

Optik (f)	प्रकाशिकी (f)	prakāshikī
Blende (f)	डायफ़राम (m)	dāyafarām
Belichtungszeit (f)	शटर समय (m)	shatar samay
Sucher (m)	व्यू फाइंडर (m)	vyū faindar

Digitalkamera (f)	डिजिटल कैमरा (m)	dijital kaimara
Stativ (n)	तिपाई (f)	tipaī
Blitzgerät (n)	फ़्लैश (m)	flaish
fotografieren (vt)	फ़ोटो खींचना	foto khīnchana
aufnehmen (vt)	फ़ोटो लेना	foto lena
sich fotografieren lassen	अपनी फ़ोटो खींचवाना	apanī foto khīnchavāna

Fokus (m)	फ़ोकस (f)	fokas
den Fokus einstellen	फ़ोकस करना	fokas karana
scharf (~ abgebildet)	फ़ोकस में	fokas men
Schärfe (f)	स्पष्टता (f)	spashtata

| Kontrast (m) | विपर्यास व्यतिरेक | viparyās vyatirek |
| kontrastreich | विपर्यासी | viparyāsī |

Aufnahme (f)	फ़ोटो (m)	foto
Negativ (n)	नेगेटिव (m)	negetiv
Rollfilm (m)	कैमरा फ़िल्म (f)	kaimara film
Einzelbild (n)	फ़्रेम (m)	frem
drucken (vt)	छापना	chhāpana

138. Strand. Schwimmen

| Strand (m) | बालुतट (m) | bālutat |
| Sand (m) | रेत (f) | ret |

menschenleer	वीरान	vīrān
Bräune (f)	धूप की कालिमा (f)	dhūp kī kālima
sich bräunen	धूप में स्नान करना	dhūp men snān karana
gebräunt	टैन	tain
Sonnencreme (f)	धूप की क्रीम (f)	dhūp kī krīm
Bikini (m)	बिकीनी (f)	bikīnī
Badeanzug (m)	स्विम सूट (m)	svim sūt
Badehose (f)	स्विम ट्रंक (m)	svim trank
Schwimmbad (n)	तरण-ताल (m)	taran-tāl
schwimmen (vi)	तैरना	tairana
Dusche (f)	शावर (m)	shāvar
sich umkleiden	बदलना	badalana
Handtuch (n)	तौलिया (m)	tauliya
Boot (n)	नाव (f)	nāv
Motorboot (n)	मोटरबोट (m)	motarabot
Wasserski (m)	वॉटर स्की (f)	votar skī
Tretboot (n)	चप्पू से चलने वाली नाव (f)	chappū se chalane vālī nāv
Surfen (m)	सर्फ़िंग (m)	sarfing
Surfer (m)	सर्फ़ करनेवाला (m)	sarf karanevāla
Tauchgerät (n)	स्कूबा सेट (m)	skūba set
Schwimmflossen (pl)	फ़्लिपर्स (m)	flipars
Maske (f)	डाइविंग के लिए मास्क (m)	daiving ke lie māsk
Taucher (m)	गोताखोर (m)	gotākhor
tauchen (vi)	डुबकी मारना	dubakī mārana
unter Wasser	पानी के नीचे	pānī ke nīche
Sonnenschirm (m)	बालुतट की छतरी (f)	bālutat kī chhatarī
Liege (f)	बालूतट की कुर्सी (f)	bālūtat kī kursī
Sonnenbrille (f)	धूप का चश्मा (m)	dhūp ka chashma
Schwimmmatratze (f)	हवा वाला गद्दा (m)	hava vāla gadda
spielen (vi, vt)	खेलना	khelana
schwimmen gehen	तैरने के लिए जाना	tairane ke lie jāna
Ball (m)	बालूतट पर खेलने की गेंद (f)	bālūtat par khelane kī gend
aufblasen (vt)	हवा भराना	hava bharāna
aufblasbar	हवा से भरा	hava se bhara
Welle (f)	तरंग (m)	tarang
Boje (f)	बोया (m)	boya
ertrinken (vi)	डूब जाना	dūb jāna
retten (vt)	बचाना	bachāna
Schwimmweste (f)	बचाव पेटी (f)	bachāv petī
beobachten (vt)	देखना	dekhana
Bademeister (m)	जीवनरक्षक (m)	jīvanarakshak

TECHNISCHES ZUBEHÖR. TRANSPORT

Technisches Zubehör

139. Computer

Computer (m)	कंप्यूटर (m)	kampyūtar
Laptop (m), Notebook (n)	लैपटॉप (m)	laipatop
einschalten (vt)	चलाना	chalāna
abstellen (vt)	बंद करना	band karana
Tastatur (f)	कीबोर्ड (m)	kībord
Taste (f)	कुंजी (m)	kunjī
Maus (f)	माउस (m)	maus
Mousepad (n)	माउस पैड (m)	maus paid
Knopf (m)	बटन (m)	batan
Cursor (m)	कर्सर (m)	karsar
Monitor (m)	मॉनिटर (m)	monitar
Schirm (m)	स्क्रीन (m)	skrīn
Festplatte (f)	हार्ड डिस्क (m)	hārd disk
Festplattengröße (f)	हार्ड डिस्क क्षमता (f)	hārd disk kshamata
Speicher (m)	मेमोरी (f)	memorī
Arbeitsspeicher (m)	रैंडम ऐक्सेस मेमोरी (f)	raindam aikses memorī
Datei (f)	फ़ाइल (f)	fail
Ordner (m)	फ़ोल्डर (m)	foldar
öffnen (vt)	खोलना	kholana
schließen (vt)	बंद करना	band karana
speichern (vt)	सहेजना	sahejana
löschen (vt)	हटाना	hatāna
kopieren (vt)	कॉपी करना	kopī karana
sortieren (vt)	व्यवस्थित करना	vyavasthit karana
transferieren (vt)	स्थानांतरित करना	sthānāntarit karana
Programm (n)	प्रोग्राम (m)	prögrām
Software (f)	सॉफ़्टवेयर (m)	softaveyar
Programmierer (m)	प्रोग्रामर (m)	prögrāmar
programmieren (vt)	प्रोग्रम करना	program karana
Hacker (m)	हैकर (m)	haikar
Kennwort (n)	पासवर्ड (m)	pāsavard
Virus (m, n)	वाइरस (m)	vairas
entdecken (vt)	तलाश करना	talāsh karana
Byte (n)	बाइट (m)	bait

Megabyte (n)	मेगाबाइट (m)	megābait
Daten (pl)	डाटा (m pl)	dāta
Datenbank (f)	डाटाबेस (m)	dātābes

Kabel (n)	तार (m)	tār
trennen (vt)	अलग करना	alag karana
anschließen (vt)	जोड़ना	jorana

140. Internet. E-Mail

Internet (n)	इन्टरनेट (m)	intaranet
Browser (m)	ब्राउज़र (m)	brauzar
Suchmaschine (f)	सर्च इंजन (f)	sarch injan
Provider (m)	प्रोवाइडर (m)	provaidar

Webmaster (m)	वेब मास्टर (m)	veb māstar
Website (f)	वेब साइट (m)	veb sait
Webseite (f)	वेब पृष्ठ (m)	veb prshth

Adresse (f)	पता (m)	pata
Adressbuch (n)	संपर्क पुस्तक (f)	sampark pustak

Mailbox (f)	मेलबॉक्स (m)	melaboks
Post (f)	डाक (m)	dāk

Mitteilung (f)	संदेश (m)	sandesh
Absender (m)	प्रेषक (m)	preshak
senden (vt)	भेजना	bhejana
Absendung (f)	भेजना (m)	bhejana

Empfänger (m)	प्रासकर्ता (m)	prāptakarta
empfangen (vt)	प्रास करना	prāpt karana

Briefwechsel (m)	पत्राचार (m)	patrāchār
im Briefwechsel stehen	पत्राचार करना	patrāchār karana

Datei (f)	फ़ाइल (f)	fail
herunterladen (vt)	डाउनलोड करना	daunalod karana
schaffen (vt)	बनाना	banāna
löschen (vt)	हटाना	hatāna
gelöscht (Datei)	हटा दिया गया	hata diya gaya

Verbindung (f)	कनेक्शन (m)	kanekshan
Geschwindigkeit (f)	रफ़्तार (f)	rafatār
Modem (n)	मोडेम (m)	modem

Zugang (m)	पहुंच (m)	pahunch
Port (m)	पोर्ट (m)	port

Anschluss (m)	कनेक्शन (m)	kanekshan
sich anschließen	जुड़ना	jurana

auswählen (vt)	चुनना	chunana
suchen (vt)	खोजना	khojana

Transport

141. Flugzeug

Flugzeug (n)	विमान (m)	vimān
Flugticket (n)	हवाई टिकट (m)	havaī tikat
Fluggesellschaft (f)	हवाई कम्पनी (f)	havaī kampanī
Flughafen (m)	हवाई अड्डा (m)	havaī adda
Überschall-	पराध्वनिक	parādhvanik
Flugkapitän (m)	कसान (m)	kaptān
Besatzung (f)	वैमानिक दल (m)	vaimānik dal
Pilot (m)	विमान चालक (m)	vimān chālak
Flugbegleiterin (f)	एयर होस्टस (f)	eyar hostas
Steuermann (m)	नैवीगेटर (m)	naivīgetar
Flügel (pl)	पंख (m pl)	pankh
Schwanz (m)	पूँछ (f)	pūnchh
Kabine (f)	कॉकपिट (m)	kokapit
Motor (m)	इंजन (m)	injan
Fahrgestell (n)	हवाई जहाज़ पहिये (m)	havaī jahāz pahiye
Turbine (f)	टरबाइन (f)	tarabain
Propeller (m)	प्रोपेलर (m)	propelar
Flugschreiber (m)	ब्लैक बॉक्स (m)	blaik boks
Steuerrad (n)	कंट्रोल कॉलम (m)	kantrol kolam
Treibstoff (m)	ईंधन (m)	īndhan
Sicherheitskarte (f)	सुरक्षा-पत्र (m)	suraksha-patr
Sauerstoffmaske (f)	ऑक्सीजन मास्क (m)	oksījan māsk
Uniform (f)	वर्दी (f)	vardī
Rettungsweste (f)	बचाव पेटी (f)	bachāv petī
Fallschirm (m)	पैराशूट (m)	pairāshūt
Abflug, Start (m)	उड़ान (m)	urān
starten (vi)	उड़ना	urana
Startbahn (f)	उड़ान पट्टी (f)	urān pattī
Sicht (f)	दृश्यता (f)	drshyata
Flug (m)	उड़ान (m)	urān
Höhe (f)	ऊंचाई (f)	ūnchaī
Luftloch (n)	वायु-पॉकेट (m)	vāyu-poket
Platz (m)	सीट (f)	sīt
Kopfhörer (m)	हेडफ़ोन (m)	hedafon
Klapptisch (m)	ट्रे टेबल (f)	tre tebal
Bullauge (n)	हवाई जहाज़ की खिड़की (f)	havaī jahāz kī khirakī
Durchgang (m)	गलियारा (m)	galiyāra

142. Zug

Zug (m)	रेलगाड़ी, ट्रेन (f)	relagārī, tren
elektrischer Zug (m)	लोकल ट्रेन (f)	lokal tren
Schnellzug (m)	तेज़ रेलगाड़ी (f)	tez relagārī
Diesellok (f)	डीज़ल रेलगाड़ी (f)	dīzal relagārī
Dampflok (f)	स्टीम इंजन (f)	stīm injan
Personenwagen (m)	कोच (f)	koch
Speisewagen (m)	डाइनर (f)	dainar
Schienen (pl)	पटरियाँ (f)	patariyān
Eisenbahn (f)	रेलवे (f)	relave
Bahnschwelle (f)	पटरियाँ (f)	patariyān
Bahnsteig (m)	प्लेटफॉर्म (m)	pletaform
Gleis (n)	प्लेटफॉर्म (m)	pletaform
Eisenbahnsignal (n)	सिग्नल (m)	signal
Station (f)	स्टेशन (m)	steshan
Lokomotivführer (m)	इंजन ड्राइवर (m)	injan draivar
Träger (m)	कुली (m)	kulī
Schaffner (m)	कोच एटेंडेंट (m)	koch etendent
Fahrgast (m)	मुसाफ़िर (m)	musāfir
Fahrkartenkontrolleur (m)	टीटी (m)	tītī
Flur (m)	गलियारा (m)	galiyāra
Notbremse (f)	आपात ब्रेक (m)	āpāt brek
Abteil (n)	डिब्बा (m)	dibba
Liegeplatz (m), Schlafkoje (f)	बर्थ (f)	barth
oberer Liegeplatz (m)	ऊपरी बर्थ (f)	ūparī barth
unterer Liegeplatz (m)	नीचली बर्थ (f)	nīchalī barth
Bettwäsche (f)	बिस्तर (m)	bistar
Fahrkarte (f)	टिकट (m)	tikat
Fahrplan (m)	टाइम टैबुल (m)	taim taibul
Anzeigetafel (f)	सूचना बोर्ड (m)	sūchana bord
abfahren (der Zug)	चले जाना	chale jāna
Abfahrt (f)	रवानगी (f)	ravānagī
ankommen (der Zug)	पहुंचना	pahunchana
Ankunft (f)	आगमन (m)	āgaman
mit dem Zug kommen	गाड़ी से पहुंचना	gārī se pahunchana
in den Zug einsteigen	गाड़ी पकड़ना	gādī pakarana
aus dem Zug aussteigen	गाड़ी से उतरना	gārī se utarana
Zugunglück (n)	दुर्घटनाग्रस्त (f)	durghatanāgrast
Dampflok (f)	स्टीम इंजन (m)	stīm injan
Heizer (m)	अग्निशामक (m)	agnishāmak
Feuerbüchse (f)	भट्ठी (f)	bhatthī
Kohle (f)	कोयला (m)	koyala

143. Schiff

| Schiff (n) | जहाज़ (m) | jahāz |
| Fahrzeug (n) | जहाज़ (m) | jahāz |

Dampfer (m)	जहाज़ (m)	jahāz
Motorschiff (n)	मोटर बोट (m)	motar bot
Kreuzfahrtschiff (n)	लाइनर (m)	lainar
Kreuzer (m)	क्रूज़र (m)	krūzar

Jacht (f)	याख्ट (m)	yākht
Schlepper (m)	कर्षक पोत (m)	karshak pot
Lastkahn (m)	बार्ज (f)	bārj
Fähre (f)	फेरी बोट (f)	ferī bot

| Segelschiff (n) | पाल नाव (f) | pāl nāv |
| Brigantine (f) | बादबानी (f) | bādabānī |

| Eisbrecher (m) | हिमभंजक पोत (m) | himabhanjak pot |
| U-Boot (n) | पनडुब्बी (f) | panadubbī |

Boot (n)	नाव (m)	nāv
Dingi (n), Beiboot (n)	किश्ती (f)	kishtī
Rettungsboot (n)	जीवन रक्षा किश्ती (f)	jīvan raksha kishtī
Motorboot (n)	मोटर बोट (m)	motar bot

Kapitän (m)	कसान (m)	kaptān
Matrose (m)	मल्लाह (m)	mallāh
Seemann (m)	मल्लाह (m)	mallāh
Besatzung (f)	वैमानिक दल (m)	vaimānik dal

Bootsmann (m)	बोसुन (m)	bosun
Schiffsjunge (m)	बोसुन (m)	bosun
Schiffskoch (m)	रसोइया (m)	rasoiya
Schiffsarzt (m)	पोत डाक्टर (m)	pot dāktar

Deck (n)	डेक (m)	dek
Mast (m)	मस्तूल (m)	mastūl
Segel (n)	पाल (m)	pāl

Schiffsraum (m)	कार्गी (m)	kārgo
Bug (m)	जहाज़ का अगड़ा हिस्सा (m)	jahāz ka agara hissa
Heck (n)	जहाज़ का पिछला हिस्सा (m)	jahāz ka pichhala hissa
Ruder (n)	चप्पू (m)	chappū
Schraube (f)	जहाज़ की पंखी चलाने का पेंच (m)	jahāz kī pankhī chalāne ka pench

Kajüte (f)	कैबिन (m)	kaibin
Messe (f)	मेस (f)	mes
Maschinenraum (m)	मशीन-कमरा (m)	mashīn-kamara
Kommandobrücke (f)	ब्रिज (m)	brij
Funkraum (m)	रेडियो केबिन (m)	rediyo kebin
Radiowelle (f)	रेडियो तरंग (f)	rediyo tarang
Schiffstagebuch (n)	जहाज़ी रजिस्टर (m)	jahāzī rajistar
Fernrohr (n)	टेलिस्कोप (m)	teliskop

Glocke (f)	घंटा (m)	ghanta
Fahne (f)	झंडा (m)	jhanda
Seil (n)	रस्सा (m)	rassa
Knoten (m)	जहाज़ी गांठ (f)	jahāzī gānth
Geländer (n)	रेलिंग (f)	reling
Treppe (f)	सीढ़ी (f)	sīrhī
Anker (m)	लंगर (m)	langar
den Anker lichten	लंगर उठाना	langar uthāna
Anker werfen	लंगर डालना	langar dālana
Ankerkette (f)	लंगर की ज़जीर (f)	langar kī zajīr
Hafen (m)	बंदरगाह (m)	bandaragāh
Anlegestelle (f)	घाट (m)	ghāt
anlegen (vi)	किनारे लगना	kināre lagana
abstoßen (vt)	रवाना होना	ravāna hona
Reise (f)	यात्रा (f)	yātra
Kreuzfahrt (f)	जलयात्रा (f)	jalayātra
Kurs (m), Richtung (f)	दिशा (f)	disha
Reiseroute (f)	मार्ग (m)	mārg
Fahrwasser (n)	नाव्य जलपथ (m)	nāvy jalapath
Untiefe (f)	छिछला पानी (m)	chhichhala pānī
stranden (vi)	छिछले पानी में धसना	chhichhale pānī men dhansana
Sturm (m)	तूफ़ान (m)	tufān
Signal (n)	सिग्नल (m)	signal
untergehen (vi)	डूबना	dūbana
SOS	एसओएस	esoes
Rettungsring (m)	लाइफ़ ब्वाय (m)	laif bvāy

144. Flughafen

Flughafen (m)	हवाई अड्डा (m)	havaī adda
Flugzeug (n)	विमान (m)	vimān
Fluggesellschaft (f)	हवाई कम्पनी (f)	havaī kampanī
Fluglotse (m)	हवाई यातायात नियंत्रक (m)	havaī yātāyāt niyantrak
Abflug (m)	प्रस्थान (m)	prasthān
Ankunft (f)	आगमन (m)	āgaman
anfliegen (vi)	पहुंचना	pahunchana
Abflugzeit (f)	उड़ान का समय (m)	urān ka samay
Ankunftszeit (f)	आगमन का समय (m)	āgaman ka samay
sich verspäten	देर से आना	der se āna
Abflugverspätung (f)	उड़ान देरी (f)	urān derī
Anzeigetafel (f)	सूचना बोर्ड (m)	sūchana bord
Information (f)	सूचना (f)	sūchana

| ankündigen (vt) | घोषणा करना | ghoshana karana |
| Flug (m) | फ्लाइट (f) | flait |

| Zollamt (n) | सीमाशुल्क कार्यालय (m) | sīmāshulk kāryālay |
| Zollbeamter (m) | सीमाशुल्क अधिकारी (m) | sīmāshulk adhikārī |

Zolldeklaration (f)	सीमाशुल्क घोषणा (f)	sīmāshulk ghoshana
die Zollerklärung ausfüllen	सीमाशुल्क घोषणा भरना	sīmāshulk ghoshana bharana
Passkontrolle (f)	पास्पोर्ट जांच (f)	pāsport jānch

Gepäck (n)	सामान (m)	sāmān
Handgepäck (n)	दस्ती सामान (m)	dastī sāmān
Kofferkuli (m)	सामान के लिये गाड़ी (f)	sāmān ke liye gārī

Landung (f)	विमानारोहण (m)	vimānārohan
Landebahn (f)	विमानारोहण मार्ग (m)	vimānārohan mārg
landen (vi)	उतरना	utarana
Fluggasttreppe (f)	सीढ़ी (f)	sīrhī

Check-in (n)	चेक-इन (m)	chek-in
Check-in-Schalter (m)	चेक-इन डेस्क (m)	chek-in desk
sich registrieren lassen	चेक-इन करना	chek-in karana
Bordkarte (f)	बोर्डिंग पास (m)	bording pās
Abfluggate (n)	प्रस्थान गेट (m)	prasthān get

Transit (m)	पारवहन (m)	pāravahan
warten (vi)	इंतज़ार करना	intazār karana
Wartesaal (m)	प्रतीक्षालय (m)	pratīkshālay
begleiten (vt)	विदा करना	vida karana
sich verabschieden	विदा कहना	vida kahana

145. Fahrrad. Motorrad

Fahrrad (n)	साइकिल (f)	saikil
Motorroller (m)	स्कूटर (m)	skūtar
Motorrad (n)	मोटरसाइकिल (f)	motarasaikil

Rad fahren	साइकिल से जाना	saikil se jāna
Lenkstange (f)	हैंडल बार (m)	haindal bār
Pedal (n)	पेडल (m)	pedal
Bremsen (pl)	ब्रेक (m pl)	brek
Sattel (m)	सीट (f)	sīt

Pumpe (f)	पंप (m)	pamp
Gepäckträger (m)	साइकिल का रैक (m)	sāiikal ka raik
Scheinwerfer (m)	बत्ती (f)	battī
Helm (m)	हेलमेट (f)	helamet

Rad (n)	पहिया (m)	pahiya
Schutzblech (n)	कीचड़ रोकने की पंखी (f)	kīchar rokane kī pankhī
Felge (f)	साइकिल रिम (f)	saikil rim
Speiche (f)	पहिये का आरा (m)	pahiye ka āra

Autos

146. Autotypen

Auto (n)	कार (f)	kār
Sportwagen (m)	स्पोट्र्स कार (f)	sports kār
Limousine (f)	लीमोज़ीन (m)	līmozīn
Geländewagen (m)	जीप (m)	jīp
Kabriolett (n)	कन्वर्टिबल (m)	kanvartibal
Kleinbus (m)	मिनिबस (f)	minibas
Krankenwagen (m)	एम्बुलेंस (f)	embulens
Schneepflug (m)	बर्फ़ हटाने की कार (f)	barf hatāne kī kār
Lastkraftwagen (m)	ट्रक (m)	trak
Tankwagen (m)	टैंकर-लॉरी (f)	tainkar-lorī
Kastenwagen (m)	वैन (m)	vain
Sattelzug (m)	ट्रक-ट्रेक्टर (m)	trak-trektar
Anhänger (m)	ट्रेलर (m)	trelar
komfortabel	सुविधाजनक	suvidhājanak
gebraucht	पुरानी	purānī

147. Autos. Karosserie

Motorhaube (f)	बोनेट (f)	bonet
Kotflügel (m)	कीचड़ रोकने की पंखी (f)	kīchar rokane kī pankhī
Dach (n)	छत (f)	chhat
Windschutzscheibe (f)	विंडस्क्रीन (m)	vindaskrīn
Rückspiegel (m)	रियरव्यू मिरर (m)	riyaravyū mirar
Scheibenwaschanlage (f)	विंडशील्ड वॉशर (m)	vindashīld voshar
Scheibenwischer (m)	वाइपर (m)	vaipar
Seitenscheibe (f)	साइड की खिड़की (f)	said kī khirakī
Fensterheber (m)	विंडो-लिफ़्ट (f)	vindo-lift
Antenne (f)	एरियल (m)	eriyal
Schiebedach (n)	सनरूफ़ (m)	sanarūf
Stoßstange (f)	बम्पर (m)	bampar
Kofferraum (m)	ट्रंक (m)	trank
Wagenschlag (m)	दरवाज़ा (m)	daravāza
Türgriff (m)	दरवाज़े का हैंडल (m)	daravāze ka haindal
Türschloss (n)	ताला (m)	tāla
Nummernschild (n)	कार का नम्बर (m)	kār ka nambar
Auspufftopf (m)	साइलेंसर (m)	sailensar

Benzintank (m)	पेट्रोल टैंक (m)	petrol taink
Auspuffrohr (n)	रेचक नलिका (f)	rechak nalika
Gas (n)	गैस (m)	gais
Pedal (n)	पेडल (m)	pedal
Gaspedal (n)	गैस पेडल (m)	gais pedal
Bremse (f)	ब्रैक (m)	braik
Bremspedal (n)	ब्रेक पेडल (m)	brek pedal
bremsen (vi)	ब्रेक लगाना	brek lagāna
Handbremse (f)	पार्किंग पेडल (m)	pārking pedal
Kupplung (f)	क्लच (m)	klach
Kupplungspedal (n)	क्लच पेडल (m)	klach pedal
Kupplungsscheibe (f)	क्लच प्लेट (m)	klach plet
Stoßdämpfer (m)	धक्का सह (m)	dhakka sah
Rad (n)	पहिया (m)	pahiya
Reserverad (n)	स्पेयर टायर (m)	speyar tāyar
Reifen (m)	टायर (m)	tāyar
Radkappe (f)	हबकैप (m)	habakaip
Triebräder (pl)	प्रधान पहिया (m)	pradhān pahiya
mit Vorderantrieb	आगे के पहियों से चलने वाली	āge ke pahiyon se chalane vālī
mit Hinterradantrieb	पीछे के पहियों से चलने वाली	pīchhe ke pahiyon se chalane vālī
mit Allradantrieb	चार पहियों की कार	chār pahiyon kī kār
Getriebe (n)	गीयर बॉक्स (m)	gīyar boks
Automatik-	स्वचालित	svachālit
Schalt-	मशीनी	mashīnī
Schalthebel (m)	गीयर बॉक्स का साधन (m)	gīyar boks ka sādhan
Scheinwerfer (m)	हेडलाइट (f)	hedalait
Scheinwerfer (pl)	हेडलाइटें (f pl)	hedalaiten
Abblendlicht (n)	लो बीम (m)	lo bīm
Fernlicht (n)	हाई बीम (m)	haī bīm
Stopplicht (n)	ब्रेक लाइट (m)	brek lait
Standlicht (n)	पार्किंग लाइटें (f pl)	pārking laiten
Warnblinker (m)	खतरे की बत्तियां (f pl)	khatare kī battiyān
Nebelscheinwerfer (pl)	कोहरे की बत्तियाँ (f pl)	kohare kī battiyān
Blinker (m)	मुड़ने का सिग्नल (m)	murane ka signal
Rückfahrscheinwerfer (m)	पीछे जाने की लाइट (m)	pīchhe jāne kī lait

148. Autos. Fahrgastraum

Wageninnere (n)	गाड़ी का भीतरी हिस्सा (m)	gārī ka bhītarī hissa
Leder-	चमड़े का बना	chamare ka bana
aus Velours	मख़मल का बना	makhamal ka bana
Polster (n)	अपहोल्स्टरी (f)	apaholstarī
Instrument (n)	यंत्र (m)	yantr

Armaturenbrett (n)	यंत्र का पैनल (m)	yantr ka painal
Tachometer (m)	चालमापी (m)	chālamāpī
Nadel (f)	सूई (f)	sūī
Kilometerzähler (m)	ओडोमीटर (m)	odomītar
Anzeige (Temperatur-)	इंडिकेटर (m)	indiketar
Pegel (m)	स्तर (m)	star
Kontrollleuchte (f)	चेतावनी लाइट (m)	chetāvanī lait
Steuerrad (n)	स्टीयरिंग व्हील (m)	stīyaring vhīl
Hupe (f)	हॉर्न (m)	horn
Knopf (m)	बटन (m)	batan
Umschalter (m)	स्विच (m)	svich
Sitz (m)	सीट (m)	sīt
Rückenlehne (f)	पीठ (f)	pīth
Kopfstütze (f)	हेडरेस्ट (m)	hedarest
Sicherheitsgurt (m)	सीट बेल्ट (m)	sīt belt
sich anschnallen	बेल्ट लगाना	belt lagāna
Einstellung (f)	समायोजन (m)	samāyojan
Airbag (m)	एयरबैग (m)	eyarabaig
Klimaanlage (f)	एयर कंडीशनर (m)	eyar kandīshanar
Radio (n)	रेडियो (m)	rediyo
CD-Spieler (m)	सीडी प्लेयर (m)	sīdī pleyar
einschalten (vt)	चलाना	chalāna
Antenne (f)	एरियल (m)	eriyal
Handschuhfach (n)	दराज़ (m)	darāz
Aschenbecher (m)	राखदानी (f)	rākhadānī

149. Autos. Motor

Triebwerk (n)	इंजन (m)	injan
Motor (m)	मोटर (m)	motar
Diesel-	डीज़ल का	dīzal ka
Benzin-	तेल का	tel ka
Hubraum (m)	इंजन का परिमाण (m)	injan ka parimān
Leistung (f)	शक्ति (f)	shakti
Pferdestärke (f)	अश्व शक्ति (f)	ashv shakti
Kolben (m)	पिस्टन (m)	pistan
Zylinder (m)	सिलिंडर (m)	silindar
Ventil (n)	वाल्व (m)	vālv
Injektor (m)	इंजेक्टर (m)	injektar
Generator (m)	जनरेटर (m)	janaretar
Vergaser (m)	कार्बरेटर (m)	kārbaretar
Motoröl (n)	मोटर तेल (m)	motar tel
Kühler (m)	रेडिएटर (m)	redietar
Kühlflüssigkeit (f)	शीतलक (m)	shītalak
Ventilator (m)	पंखा (m)	pankha
Autobatterie (f)	बैटरी (f)	baitarī

Anlasser (m)	स्टाटॅर (m)	stārtar
Zündung (f)	इग्निशन (m)	ignishan
Zündkerze (f)	स्पार्क प्लग (m)	spārk plag
Klemme (f)	बैटरी टर्मिनल (m)	baitarī tarminal
Pluspol (m)	प्लस टर्मिनल (m)	plas tarminal
Minuspol (m)	माइनस टर्मिनल (m)	mainas tarminal
Sicherung (f)	सेफ्टी प्र्यूज़ (m)	seftī fyūz
Luftfilter (m)	वायु फ़िल्टर (m)	vāyu filtar
Ölfilter (m)	तेल फ़िल्टर (m)	tel filtar
Treibstofffilter (m)	ईंधन फ़िल्टर (m)	īndhan filtar

150. Autos. Unfall. Reparatur

Unfall (m)	दुर्घटना (f)	durghatana
Verkehrsunfall (m)	दुर्घटना (f)	durghatana
fahren gegen ...	टकराना	takarāna
verunglücken (vi)	नष्ट हो जाना	nashth ho jāna
Schaden (m)	नुकसान (m)	nukasān
heil (Adj)	सुरक्षित	surakshit
kaputtgehen (vi)	ख़राब हो जाना	kharāb ho jāna
Abschleppseil (n)	रस्सा (m)	rassa
Reifenpanne (f)	पंक्चर (m)	pankchar
platt sein	पंक्चर होना	pankchar hona
pumpen (vt)	हवा भरना	hava bharana
Reifendruck (m)	दबाव (m)	dabāv
prüfen (vt)	जाँचना	jānchana
Reparatur (f)	मरम्मत (f)	marammat
Reparaturwerkstatt (f)	वाहन मरम्मत की दुकान (f)	vāhan marammat kī dukān
Ersatzteil (n)	स्पेयर पार्ट (m)	speyar pārt
Einzelteil (n)	पुरज़ा (m)	puraza
Bolzen (m)	बोल्ट (m)	bolt
Schraube (f)	पेंच (m)	pench
Schraubenmutter (f)	नट (m)	nat
Scheibe (f)	वॉशर (m)	voshar
Lager (n)	बियरिंग (m)	biyaring
Rohr (Abgas-)	ट्यूब (f)	tyūb
Dichtung (f)	गास्केट (m)	gāsket
Draht (m)	तार (m)	tār
Wagenheber (m)	जैक (m)	jaik
Schraubenschlüssel (m)	स्पैनर (m)	spainar
Hammer (m)	हथौड़ी (f)	hathaurī
Pumpe (f)	पंप (m)	pamp
Schraubenzieher (m)	पेंचकस (m)	penchakas
Feuerlöscher (m)	अग्निशामक (m)	agnishāmak
Warndreieck (n)	चेतावनी त्रिकोण (m)	chetāvanī trikon

abwürgen (Motor)	बंद होना	band hona
Anhalten (~ des Motors)	बंद (m)	band
kaputt sein	टूटना	tūtana

überhitzt werden (Motor)	गरम होना	garam hona
verstopft sein	मैल जमना	mail jamana
einfrieren (Schloss, Rohr)	ठंडा हो जाना	thanda ho jāna
zerplatzen (vi)	फटना	fatana

Druck (m)	दबाव (m)	dabāv
Pegel (m)	स्तर (m)	star
schlaff (z.B. -e Riemen)	कमज़ोर	kamazor

Delle (f)	गड्ढा (m)	gadrha
Klopfen (n)	खटखट की आवाज़ (f)	khatakhat kī āvāz
Riß (m)	दरार (f)	darār
Kratzer (m)	खरोंच (f)	kharonch

151. Autos. Straßen

Fahrbahn (f)	रास्ता (m)	rāsta
Schnellstraße (f)	राजमार्ग (m)	rājamārg
Autobahn (f)	राजमार्ग (m)	rājamārg
Richtung (f)	दिशा (f)	disha
Entfernung (f)	दूरी (f)	dūrī

Brücke (f)	पुल (m)	pul
Parkplatz (m)	पार्किन्ग (m)	pārking
Platz (m)	मैदान (m)	maidān
Autobahnkreuz (n)	फ्लाई ओवर (m)	flaī ovar
Tunnel (m)	सुरंग (m)	surang

Tankstelle (f)	पेट्रोल पम्प (f)	petrol pamp
Parkplatz (m)	पार्किंग (m)	pārking
Zapfsäule (f)	गैस पम्प (f)	gais pamp
Reparaturwerkstatt (f)	गराज (m)	garāj
tanken (vt)	पेट्रोल भरवाना	petrol bharavāna
Treibstoff (m)	ईंधन (m)	īndhan
Kanister (m)	जेरिकेन (m)	jeriken

Asphalt (m)	तारकोल (m)	tārakol
Markierung (f)	मार्ग चिह्न (m)	mārg chihn
Bordstein (m)	फुटपाथ (m)	futapāth
Leitplanke (f)	रेलिंग (f)	reling
Graben (m)	नाली (f)	nālī
Straßenrand (m)	छोर (m)	chhor
Straßenlaterne (f)	बिजली का खम्भा (m)	bijalī ka khambha

fahren (vt)	चलाना	chalāna
abbiegen (nach links ~)	मोड़ना	morana
umkehren (vi)	मुड़ना	murana
Rückwärtsgang (m)	रिवर्स (m)	rivars
hupen (vi)	हॉर्न बजाना	horn bajāna
Hupe (f)	हॉर्न (m)	horn

stecken (im Schlamm ~)	फंसना	fansana
durchdrehen (Räder)	पहिये को घुमाना	pahiye ko ghumāna
abstellen (Motor ~)	इंजन बंद करना	injan band karana
Geschwindigkeit (f)	रफ़्तार (f)	rafatār
Geschwindigkeit überschreiten	गति सीमा पार करना	gati sīma pār karana
bestrafen (vt)	जुर्माना लगाना	jurmāna lagāna
Ampel (f)	ट्रैफ़िक-लाइट (m)	traifik-lait
Führerschein (m)	ड्राइवर-लाइसेंस (m)	draivar-laisens
Bahnübergang (m)	रेल क्रॉसिंग (m)	rel krosing
Straßenkreuzung (f)	चौराहा (m)	chaurāha
Fußgängerüberweg (m)	पार-पथ (m)	pār-path
Kehre (f)	मोड़ (m)	mor
Fußgängerzone (f)	पैदल सड़क (f)	paidal sarak

MENSCHEN. LEBENSEREIGNISSE

Lebensereignisse

152. Feiertage. Ereignis

Fest (n)	त्योहार (m)	tyohār
Nationalfeiertag (m)	राष्ट्रीय त्योहार (m)	rāshtrīy tyohār
Feiertag (m)	त्योहार का दिन (m)	tyohār ka din
feiern (vt)	पुण्यस्मरण करना	punyasmaran karana
Ereignis (n)	घटना (f)	ghatana
Veranstaltung (f)	आयोजन (m)	āyojan
Bankett (n)	राजभोज (m)	rājabhoj
Empfang (m)	दावत (f)	dāvat
Festmahl (n)	दावत (f)	dāvat
Jahrestag (m)	वर्षगांठ (m)	varshagānth
Jubiläumsfeier (f)	वर्षगांठ (m)	varshagānth
begehen (vt)	मनाना	manāna
Neujahr (n)	नव वर्ष (m)	nav varsh
Frohes Neues Jahr!	नव वर्ष की शुभकामना!	nav varsh kī shubhakāmana!
Weihnachtsmann (m)	सांता क्लॉज़ (m)	sānta kloz
Weihnachten (n)	बड़ा दिन (m)	bara din
Frohe Weihnachten!	क्रिसमस की शुभकामनाएं!	krisamas kī shubhakāmanaen!
Tannenbaum (m)	क्रिस्मस ट्री (m)	krismas trī
Feuerwerk (n)	अग्नि क्रीड़ा (f)	agni krīra
Hochzeit (f)	शादी (f)	shādī
Bräutigam (m)	दुल्हा (m)	dulha
Braut (f)	दुल्हन (f)	dulhan
einladen (vt)	आमंत्रित करना	āmantrit karana
Einladung (f)	निमंत्रण पत्र (m)	nimantran patr
Gast (m)	मेहमान (m)	mehamān
besuchen (vt)	मिलने जाना	milane jāna
Gäste empfangen	मेहमानों से मिलना	mehamānon se milana
Geschenk (n)	उपहार (m)	upahār
schenken (vt)	उपहार देना	upahār dena
Geschenke bekommen	उपहार मिलना	upahār milana
Blumenstrauß (m)	गुलदस्ता (m)	guladasta
Glückwunsch (m)	बधाई (f)	badhaī
gratulieren (vi)	बधाई देना	badhaī dena

Glückwunschkarte (f)	बधाई पोस्टकार्ड (m)	badhaī postakārd
eine Karte abschicken	पोस्टकार्ड भेजना	postakārd bhejana
eine Karte erhalten	पोस्टकार्ड पाना	postakārd pāna

Trinkspruch (m)	टोस्ट (m)	tost
anbieten (vt)	ऑफ़र करना	ofar karana
Champagner (m)	शैम्पेन (f)	shaimpen

sich amüsieren	मज़े करना	maze karana
Fröhlichkeit (f)	आमोद (m)	āmod
Freude (f)	खुशी (f)	khushī

| Tanz (m) | नाच (m) | nāch |
| tanzen (vi, vt) | नाचना | nāchana |

| Walzer (m) | वॉल्ट्ज़ (m) | voltz |
| Tango (m) | टैंगो (m) | taingo |

153. Bestattungen. Begräbnis

Friedhof (m)	कब्रिस्तान (m)	kabristān
Grab (n)	कब्र (m)	kabr
Kreuz (n)	क्रॉस (m)	kros
Grabstein (m)	सामाधि शिला (f)	sāmādhi shila
Zaun (m)	बाड़ (f)	bār
Kapelle (f)	चैपल (m)	chaipal

Tod (m)	मृत्यु (f)	mrtyu
sterben (vi)	मरना	marana
Verstorbene (m)	मृतक (m)	mrtak
Trauer (f)	शोक (m)	shok

begraben (vt)	दफनाना	dafanāna
Bestattungsinstitut (n)	दफ़नालय (m)	dafanālay
Begräbnis (n)	अंतिम संस्कार (m)	antim sanskār

Kranz (m)	फूलमाला (f)	fūlamāla
Sarg (m)	ताबूत (m)	tābūt
Katafalk (m)	शव मंच (m)	shav manch
Totenhemd (n)	कफन (m)	kafan

| Urne (f) | भस्मी कलश (m) | bhasmī kalash |
| Krematorium (n) | दाहगृह (m) | dāhagrh |

Nachruf (m)	निधन सूचना (f)	nidhan sūchana
weinen (vi)	रोना	rona
schluchzen (vi)	रोना	rona

154. Krieg. Soldaten

| Zug (m) | दस्ता (m) | dasta |
| Kompanie (f) | कंपनी (f) | kampanī |

Regiment (n)	रेजीमेंट (f)	rejīment
Armee (f)	सेना (f)	sena
Division (f)	डिवीज़न (m)	divīzan
Abteilung (f)	दल (m)	dal
Heer (n)	फौज (m)	fauj
Soldat (m)	सिपाही (m)	sipāhī
Offizier (m)	अफ्सर (m)	afsar
Soldat (m)	सैनिक (m)	sainik
Feldwebel (m)	सार्जेंट (m)	sārjent
Leutnant (m)	लेफ्टिनेंट (m)	leftinent
Hauptmann (m)	कसान (m)	kaptān
Major (m)	मेजर (m)	mejar
Oberst (m)	कर्नल (m)	karnal
General (m)	जनरल (m)	janaral
Matrose (m)	मल्लाह (m)	mallāh
Kapitän (m)	कसान (m)	kaptān
Bootsmann (m)	बोसुन (m)	bosun
Artillerist (m)	तोपची (m)	topachī
Fallschirmjäger (m)	पैराट्रूपर (m)	pairātrūpar
Pilot (m)	पाइलट (m)	pailat
Steuermann (m)	नैवीगेटर (m)	naivīgetar
Mechaniker (m)	मैकेनिक (m)	maikenik
Pionier (m)	सैपर (m)	saipar
Fallschirmspringer (m)	छतरीबाज़ (m)	chhatarībāz
Aufklärer (m)	जासूस (m)	jāsūs
Scharfschütze (m)	निशानची (m)	nishānachī
Patrouille (f)	गश्त (m)	gasht
patrouillieren (vi)	गश्त लगाना	gasht lagāna
Wache (f)	प्रहरी (m)	praharī
Krieger (m)	सैनिक (m)	sainik
Patriot (m)	देशभक्त (m)	deshabhakt
Held (m)	हिरो (m)	hiro
Heldin (f)	हिरोइन (f)	hiroin
Verräter (m)	गद्दार (m)	gaddār
Deserteur (m)	भगोड़ा (m)	bhagora
desertieren (vi)	भाग जाना	bhāg jāna
Söldner (m)	भाड़े का सैनिक (m)	bhāre ka sainik
Rekrut (m)	रंगरूट (m)	rangarūt
Freiwillige (m)	स्वयंसेवी (m)	svayansevī
Getoetete (m)	मृतक (m)	mrtak
Verwundete (m)	घायल (m)	ghāyal
Kriegsgefangene (m)	युद्ध क़ैदी (m)	yuddh qaidī

155. Krieg. Militärische Aktionen. Teil 1

Krieg (m)	युद्ध (m)	yuddh
Krieg führen	युद्ध करना	yuddh karana
Bürgerkrieg (m)	गृहयुद्ध (m)	grhayuddh
heimtückisch (Adv)	विश्वासघाती ढंग से	vishvāsaghātī dhang se
Kriegserklärung (f)	युद्ध का एलान (m)	yuddh ka elān
erklären (den Krieg ~)	एलान करना	elān karana
Aggression (f)	हमला (m)	hamala
einfallen (Staat usw.)	हमला करना	hamala karana
einfallen (in ein Land ~)	हमला करना	hamala karana
Invasoren (pl)	आक्रमणकारी (m)	ākramanakārī
Eroberer (m), Sieger (m)	विजेता (m)	vijeta
Verteidigung (f)	हिफ़ाज़त (f)	hifāzat
verteidigen (vt)	हिफ़ाज़त करना	hifāzat karana
sich verteidigen	के विरुद्ध हिफ़ाज़त करना	ke virūddh hifāzat karana
Feind (m)	दुश्मन (m)	dushman
Gegner (m)	विपक्ष (m)	vipaksh
Feind-	दुश्मनों का	dushmanon ka
Strategie (f)	रणनीति (f)	rananīti
Taktik (f)	युक्ति (f)	yukti
Befehl (m)	हुक्म (m)	hukm
Anordnung (f)	आज्ञा (f)	āgya
befehlen (vt)	हुक्म देना	hukm dena
Auftrag (m)	मिशन (m)	mishan
geheim (Adj)	गुप्त	gupt
Schlacht (f)	लड़ाई (f)	laraī
Kampf (m)	युद्ध (m)	yuddh
Angriff (m)	आक्रमण (m)	ākraman
Sturm (m)	धावा (m)	dhāva
stürmen (vt)	धावा करना	dhāva karana
Belagerung (f)	घेरा (m)	ghera
Angriff (m)	आक्रमण (m)	ākraman
angreifen (vt)	आक्रमण करना	ākraman karana
Rückzug (m)	अपयान (m)	apayān
sich zurückziehen	अपयान करना	apayān karana
Einkesselung (f)	घेराई (f)	gheraī
einkesseln (vt)	घेरना	gherana
Bombenangriff (m)	बमबारी (f)	bamabārī
eine Bombe abwerfen	बम गिराना	bam girāna
bombardieren (vt)	बमबारी करना	bamabārī karana
Explosion (f)	विस्फोट (m)	visfot
Schuss (m)	गोली (m)	golī

143

schießen (vt)	गोली चलाना	golī chalāna
Schießerei (f)	गोलीबारी (f)	golībārī
zielen auf …	निशाना लगाना	nishāna lagāna
richten (die Waffe)	निशाना बांधना	nishāna bāndhana
treffen (ins Schwarze ~)	गोली मारना	golī mārana
versenken (vt)	डुबाना	dubāna
Loch (im Schiffsrumpf)	छेद (m)	chhed
versinken (Schiff)	डूबना	dūbana
Front (f)	मोरचा (m)	moracha
Evakuierung (f)	निकास (m)	nikās
evakuieren (vt)	निकास करना	nikās karana
Stacheldraht (m)	कांटेदार तार (m)	kāntedār tār
Sperre (z.B. Panzersperre)	बाड़ (m)	bār
Wachtturm (m)	बुर्ज (m)	burj
Lazarett (n)	सैनिक अस्पताल (m)	sainik aspatāl
verwunden (vt)	घायल करना	ghāyal karana
Wunde (f)	घाव (m)	ghāv
Verwundete (m)	घायल (m)	ghāyal
verletzt sein	घायल होना	ghāyal hona
schwer (-e Verletzung)	गम्भीर	gambhīr

156. Waffen

Waffe (f)	हथियार (m)	hathiyār
Schusswaffe (f)	हथियार (m)	hathiyār
blanke Waffe (f)	पैने हथियार (m)	paine hathiyār
chemischen Waffen (pl)	रसायनिक शस्त्र (m)	rasāyanik shastr
Kern-, Atom-	आण्विक	ānvik
Kernwaffe (f)	आण्विक-शस्त्र (m)	ānvik-shastr
Bombe (f)	बम (m)	bam
Atombombe (f)	परमाणु बम (m)	paramānu bam
Pistole (f)	पिस्तौल (m)	pistaul
Gewehr (n)	बंदूक (m)	bandūk
Maschinenpistole (f)	टामी गन (f)	tāmī gan
Maschinengewehr (n)	मशीन गन (f)	mashīn gan
Mündung (f)	नालमुख (m)	nālamukh
Lauf (Gewehr-)	नाल (m)	nāl
Kaliber (n)	नली का व्यास (m)	nalī ka vyās
Abzug (m)	घोड़ा (m)	ghora
Visier (n)	लक्षक (m)	lakshak
Magazin (n)	मैगज़ीन (m)	maigazīn
Kolben (m)	कुंदा (m)	kunda
Handgranate (f)	ग्रेनेड (m)	grened
Sprengstoff (m)	विस्फोटक (m)	visfotak

Kugel (f)	गोली (f)	golī
Patrone (f)	कारतूस (m)	kāratūs
Ladung (f)	गति (f)	gati
Munition (f)	गोला बारूद (m pl)	gola bārūd

Bomber (m)	बमबार (m)	bamabār
Kampfflugzeug (n)	लड़ाकू विमान (m)	larākū vimān
Hubschrauber (m)	हेलिकॉप्टर (m)	helikoptar

Flugabwehrkanone (f)	विमान-विध्वंस तोप (f)	vimān-vidhvans top
Panzer (m)	टैंक (m)	taink
Panzerkanone (f)	तोप (m)	top

| Artillerie (f) | तोपें (m) | topen |
| richten (die Waffe) | निशाना बांधना | nishāna bāndhana |

Geschoß (n)	गोला (m)	gola
Wurfgranate (f)	मोर्टार बम (m)	mortār bam
Granatwerfer (m)	मोर्टार (m)	mortār
Splitter (m)	किरच (m)	kirach

U-Boot (n)	पनडुब्बी (f)	panadubbī
Torpedo (m)	टोरपीडो (m)	torapīdo
Rakete (f)	रॉकेट (m)	roket

laden (Gewehr)	बंदूक भरना	bandūk bharana
schießen (vi)	गोली चलाना	golī chalāna
zielen auf …	निशाना लगाना	nishāna lagāna
Bajonett (n)	किरिच (m)	kirich

Degen (m)	खंजर (m)	khanjar
Säbel (m)	कृपाण (m)	krpān
Speer (m)	भाला (m)	bhāla
Bogen (m)	धनुष (m)	dhanush
Pfeil (m)	बाण (m)	bān
Muskete (f)	मसकट (m)	masakat
Armbrust (f)	क्रॉसबो (m)	krosabo

157. Menschen der Antike

vorzeitlich	आदिकालीन	ādikālīn
prähistorisch	प्रागैतिहासिक	prāgaitihāsik
alt (antik)	प्राचीन	prāchīn

Steinzeit (f)	पाषाण युग (m)	pāshān yug
Bronzezeit (f)	कांस्य युग (m)	kānsy yug
Eiszeit (f)	हिम युग (m)	him yug

Stamm (m)	जनजाति (f)	janajāti
Kannibale (m)	नरभक्षी (m)	narabhakshī
Jäger (m)	शिकारी (m)	shikārī
jagen (vi)	शिकार करना	shikār karana
Mammut (n)	प्राचीन युग हाथी (m)	prāchīn yug hāthī
Höhle (f)	गुफा (f)	gufa

Feuer (n)	अग्नि (m)	agni
Lagerfeuer (n)	अलाव (m)	alāv
Höhlenmalerei (f)	शिला चित्र (m)	shila chitr
Werkzeug (n)	औज़ार (m)	auzār
Speer (m)	भाला (m)	bhāla
Steinbeil (n), Steinaxt (f)	पत्थर की कुल्हाड़ी (f)	patthar kī kulhārī
Krieg führen	युद्ध पर होना	yuddh par hona
domestizieren (vt)	जानवरों को पालतू बनाना	jānavaron ko pālatū banāna
Idol (n)	मूर्ति (f)	mūrti
anbeten (vt)	पूजना	pūjana
Aberglaube (m)	अंधविश्वास (m)	andhavishvās
Brauch (m), Ritus (m)	अनुष्ठान (m)	anushthān
Evolution (f)	उद्भव (m)	udbhav
Entwicklung (f)	विकास (m)	vikās
Verschwinden (n)	गायब (m)	gāyab
sich anpassen	अनुकूल बनाना	anukūl banāna
Archäologie (f)	पुरातत्व (m)	purātatv
Archäologe (m)	पुरातत्वविद (m)	purātatvavid
archäologisch	पुरातात्विक	purātātvik
Ausgrabungsstätte (f)	खुदाई क्षेत्र (m pl)	khudaī kshetr
Ausgrabungen (pl)	उत्खनन (f)	utkhanan
Fund (m)	खोज (f)	khoj
Fragment (n)	टुकड़ा (m)	tukara

158. Mittelalter

Volk (n)	लोग (m)	log
Völker (pl)	लोग (m pl)	log
Stamm (m)	जनजाति (f)	janajāti
Stämme (pl)	जनजातियाँ (f pl)	janajātiyān
Barbaren (pl)	बर्बर (m pl)	barbar
Gallier (pl)	गॉल्स (m pl)	gols
Goten (pl)	गोथ्स (m pl)	goths
Slawen (pl)	स्लैव्स (m pl)	slaivs
Wikinger (pl)	वाइकिंग्स (m pl)	vaikings
Römer (pl)	रोमन (m pl)	roman
römisch	रोमन	roman
Byzantiner (pl)	बाइज़ेंटीनी (m pl)	baizentīnī
Byzanz (n)	बाइज़ेंटीयम (m)	baizentīyam
byzantinisch	बाइज़ेंटीन	baizentīn
Kaiser (m)	सम्राट् (m)	samrāt
Häuptling (m)	सरदार (m)	saradār
mächtig (Kaiser usw.)	प्रबल	prabal
König (m)	बादशाह (m)	bādashāh
Herrscher (Monarch)	शासक (m)	shāsak

Ritter (m)	योद्धा (m)	yoddha
Feudalherr (m)	सामंत (m)	sāmant
feudal, Feudal-	सामंतिक	sāmantik
Vasall (m)	जागीरदार (m)	jāgīradār

Herzog (m)	इयूक (m)	dyūk
Graf (m)	अर्ल (m)	arl
Baron (m)	बैरन (m)	bairan
Bischof (m)	बिशप (m)	bishap

Rüstung (f)	कवच (m)	kavach
Schild (m)	ढाल (m)	dhāl
Schwert (n)	तलवार (f)	talavār
Visier (n)	मुखावरण (m)	mukhāvaran
Panzerhemd (n)	कवच (m)	kavach
Kreuzzug (m)	धर्मयुद्ध (m)	dharmayuddh
Kreuzritter (m)	धर्मयोद्धा (m)	dharmayoddha

Territorium (n)	प्रदेश (m)	pradesh
einfallen (vt)	हमला करना	hamala karana
erobern (vt)	जीतना	jītana
besetzen (Land usw.)	कब्ज़ा करना	kabza karana

Belagerung (f)	घेरा (m)	ghera
belagert	घेरा हुआ	ghera hua
belagern (vt)	घेरना	gherana

Inquisition (f)	न्यायिक जांच (m)	nyāyik jānch
Inquisitor (m)	न्यायिक जांचकर्ता (m)	nyāyik jānchakarta
Folter (f)	घोर शरीरिक यंत्रणा (f)	ghor sharīrik yantrana
grausam (-e Folter)	निर्दयी	nirdayī
Häretiker (m)	विधर्मी (m)	vidharmī
Häresie (f)	विधर्म (m)	vidharm

Seefahrt (f)	जहाज़रानी (f)	jahāzarānī
Seeräuber (m)	समुद्री लूटेरा (m)	samudrī lūtera
Seeräuberei (f)	समुद्री डकैती (f)	samudrī dakaitī
Enterung (f)	बोर्डिंग (m)	bording
Beute (f)	लूट का माल (m)	lūt ka māl
Schätze (pl)	खज़ाना (m)	khazāna

Entdeckung (f)	खोज (f)	khoj
entdecken (vt)	नई ज़मीन खोजना	naī zamīn khojana
Expedition (f)	अभियान (m)	abhiyān

Musketier (m)	बंदूक धारी सिपाही (m)	bandūk dhārī sipāhī
Kardinal (m)	कार्डिनल (m)	kārdinal
Heraldik (f)	शौर्यशास्त्र (f)	shauryashāstr
heraldisch	हेरल्डिक	heraldik

159. Führungspersonen. Chef. Behörden

| König (m) | बादशाह (m) | bādashāh |
| Königin (f) | महारानी (f) | mahārānī |

königlich	राजसी	rājasī
Königreich (n)	राज्य (m)	rājy
Prinz (m)	राजकुमार (m)	rājakumār
Prinzessin (f)	राजकुमारी (f)	rājakumārī
Präsident (m)	राष्ट्रपति (m)	rāshtrapati
Vizepräsident (m)	उपराष्ट्रपति (m)	uparāshtrapati
Senator (m)	सांसद (m)	sānsad
Monarch (m)	सम्राट (m)	samrāt
Herrscher (m)	शासक (m)	shāsak
Diktator (m)	तानाशाह (m)	tānāshāh
Tyrann (m)	तानाशाह (m)	tānāshāh
Magnat (m)	रईस (m)	raīs
Direktor (m)	निदेशक (m)	nideshak
Chef (m)	मुखिया (m)	mukhiya
Leiter (einer Abteilung)	मैनेजर (m)	mainejar
Boss (m)	साहब (m)	sāhab
Eigentümer (m)	मालिक (m)	mālik
Leiter (Delegations-)	मुखिया (m)	mukhiya
Behörden (pl)	अधिकारी वर्ग (m pl)	adhikārī varg
Vorgesetzten (pl)	अधिकारी (m)	adhikārī
Gouverneur (m)	राज्यपाल (m)	rājyapāl
Konsul (m)	वाणिज्य-दूत (m)	vānijy-dūt
Diplomat (m)	राजनयिक (m)	rājanayik
Bürgermeister (m)	महापालिकाध्यक्ष (m)	mahāpālikādhyaksh
Sheriff (m)	प्रधान हाकिम (m)	pradhān hākim
Kaiser (m)	सम्राट (m)	samrāt
Zar (m)	राजा (m)	rāja
Pharao (m)	फ़िरौन (m)	firaun
Khan (m)	ख़ान (m)	khān

160. Gesetzesverstoß Verbrecher. Teil 1

Bandit (m)	डाकू (m)	dākū
Verbrechen (n)	जुर्म (m)	jurm
Verbrecher (m)	अपराधी (m)	aparādhī
Dieb (m)	चोर (m)	chor
Diebstahl (m), Stehlen (n)	चोरी (f)	chorī
kidnappen (vt)	अपहरण करना	apaharan karana
Kidnapping (n)	अपहरण (m)	apaharan
Kidnapper (m)	अपहरणकर्ता (m)	apaharanakartta
Lösegeld (n)	फ़िरौती (f)	firautī
Lösegeld verlangen	फ़िरौती मांगना	firautī māngana
rauben (vt)	लूटना	lūtana
Räuber (m)	लुटेरा (m)	lutera

erpressen (vt)	ऐंठना	ainthana
Erpresser (m)	वसूलिकर्ता (m)	vasūlikarta
Erpressung (f)	जबरन वसूली (m)	jabaran vasūlī

morden (vt)	मारना	mārana
Mord (m)	हत्या (f)	hatya
Mörder (m)	हत्यारा (m)	hatyāra

Schuss (m)	गोली (m)	golī
schießen (vt)	गोली चलाना	golī chalāna
erschießen (vt)	गोली मारकर हत्या करना	golī mārakar hatya karana
feuern (vi)	गोली चलाना	golī chalāna
Schießerei (f)	गोलीबारी (f)	golībārī

Vorfall (m)	घटना (f)	ghatana
Schlägerei (f)	झगड़ा (m)	jhagara
Hilfe!	बचाओ!	bachao!
Opfer (n)	शिकार (m)	shikār

beschädigen (vt)	हानि पहुँचाना	hāni pahunchāna
Schaden (m)	नुक्सान (m)	nuksān
Leiche (f)	शव (m)	shav
schwer (-es Verbrechen)	गंभीर	gambhīr

angreifen (vt)	आक्रमण करना	ākraman karana
schlagen (vt)	पीटना	pītana
verprügeln (vt)	पीट जाना	pīt jāna
wegnehmen (vt)	लूटना	lūtana
erstechen (vt)	चाकू से मार डालना	chākū se mār dālana
verstümmeln (vt)	अपाहिज करना	apāhij karana
verwunden (vt)	घाव करना	ghāv karana

Erpressung (f)	ब्लैकमेल (m)	blaikamel
erpressen (vt)	धमकी से रुपया ऐंठना	dhamakī se rupaya ainthana
Erpresser (m)	ब्लैकमेलर (m)	blaikamelar

Schutzgelderpressung (f)	ठग व्यापार (m)	thag vyāpār
Erpresser (Racketeer)	ठग व्यापारी (m)	thag vyāpārī
Gangster (m)	गैंगस्टर (m)	gaingastar
Mafia (f)	माफ़िया (f)	māfiya

Taschendieb (m)	जेबकतरा (m)	jebakatara
Einbrecher (m)	सेंधमार (m)	sendhamār
Schmuggel (m)	तस्करी (m)	taskarī
Schmuggler (m)	तस्कर (m)	taskar

Fälschung (f)	जालसाज़ी (f)	jālasāzī
fälschen (vt)	जलसाज़ी करना	jalasāzī karana
gefälscht	नक़ली	naqalī

161. Gesetzesbruch. Verbrecher. Teil 2

| Vergewaltigung (f) | बलात्कार (m) | balātkār |
| vergewaltigen (vt) | बलात्कार करना | balātkār karana |

149

Gewalttäter (m)	बलात्कारी (m)	balātkārī
Besessene (m)	कामोन्मादी (m)	kāmonmādī
Prostituierte (f)	वैश्या (f)	vaishya
Prostitution (f)	वेश्यावृत्ति (m)	veshyāvrtti
Zuhälter (m)	भड़ुआ (m)	bharua
Drogenabhängiger (m)	नशेबाज़ (m)	nashebāz
Drogenhändler (m)	नशीली दवा के विक्रेता (m)	nashīlī dava ke vikreta
sprengen (vt)	विस्फोट करना	visfot karana
Explosion (f)	विस्फोट (m)	visfot
in Brand stecken	आग जलाना	āg jalāna
Brandstifter (m)	आग जलानेवाला (m)	āg jalānevāla
Terrorismus (m)	आतंकवाद (m)	ātankavād
Terrorist (m)	आतंकवादी (m)	ātankavādī
Geisel (m, f)	बंधक (m)	bandhak
betrügen (vt)	धोखा देना	dhokha dena
Betrug (m)	धोखा (m)	dhokha
Betrüger (m)	धोखेबाज़ (m)	dhokhebāz
bestechen (vt)	रिश्वत देना	rishvat dena
Bestechlichkeit (f)	रिश्वतखोरी (m)	rishvatakhorī
Bestechungsgeld (n)	रिश्वत (m)	rishvat
Gift (n)	ज़हर (m)	zahar
vergiften (vt)	ज़हर खिलाना	zahar khilāna
sich vergiften	ज़हर खाना	zahar khāna
Selbstmord (m)	आत्महत्या (f)	ātmahatya
Selbstmörder (m)	आत्महत्यारा (m)	ātmahatyāra
drohen (vi)	धमकाना	dhamakāna
Drohung (f)	धमकी (f)	dhamakī
versuchen (vt)	प्रयत्न करना	prayatn karana
Attentat (n)	हत्या का प्रयत्न (m)	hatya ka prayatn
stehlen (Auto ~)	चुराना	churāna
entführen (Flugzeug ~)	विमान का अपहरण करना	vimān ka apaharan karana
Rache (f)	बदला (m)	badala
sich rächen	बदला लेना	badala lena
foltern (vt)	घोर शरीरिक यंत्रणा पहुँचाना	ghor sharīrik yantrana pahunchāna
Folter (f)	घोर शरीरिक यंत्रणा (f)	ghor sharīrik yantrana
quälen (vt)	सताना	satāna
Seeräuber (m)	समुद्री लूटेरा (m)	samudrī lūtera
Rowdy (m)	बदमाश (m)	badamāsh
bewaffnet	सशस्त्र	sashastr
Gewalt (f)	अत्यचार (m)	atyachār
Spionage (f)	जासूसी (f)	jāsūsī
spionieren (vi)	जासूसी करना	jāsūsī karana

162. Polizei Recht. Teil 1

Justiz (f)	मुक़दमा (m)	muqadama
Gericht (n)	न्यायालय (m)	nyāyālay
Richter (m)	न्यायाधीश (m)	nyāyādhīsh
Geschworenen (pl)	जूरी सदस्य (m pl)	jūrī sadasy
Geschworenengericht (n)	जूरी (f)	jūrī
richten (vt)	मुक़दमा सुनना	muqadama sunana
Rechtsanwalt (m)	वकील (m)	vakīl
Angeklagte (m)	मुलज़िम (m)	mulazim
Anklagebank (f)	अदालत का कठघरा (m)	adālat ka kathaghara
Anklage (f)	आरोप (m)	ārop
Beschuldigte (m)	मुलज़िम (m)	mulazim
Urteil (n)	निर्णय (m)	nirnay
verurteilen (vt)	निर्णय करना	nirnay karana
Schuldige (m)	दोषी (m)	doshī
bestrafen (vt)	सज़ा देना	saza dena
Strafe (f)	सज़ा (f)	saza
Geldstrafe (f)	जुर्माना (m)	jurmāna
lebenslange Haft (f)	आजीवन करावास (m)	ājīvan karāvās
Todesstrafe (f)	मृत्युदंड (m)	mrtyudand
elektrischer Stuhl (m)	बिजली की कुर्सी (f)	bijalī kī kursī
Galgen (m)	फांसी का तख़्ता (m)	fānsī ka takhta
hinrichten (vt)	फांसी देना	fānsī dena
Hinrichtung (f)	मौत की सज़ा (f)	maut kī saza
Gefängnis (n)	जेल (f)	jel
Zelle (f)	जेल का कमरा (m)	jel ka kamara
Eskorte (f)	अनुरक्षक दल (m)	anurakshak dal
Gefängniswärter (m)	जेल का पहरेदार (m)	jel ka paharedār
Gefangene (m)	क़ैदी (m)	qaidī
Handschellen (pl)	हथकड़ी (f)	hathakarī
Handschellen anlegen	हथकड़ी लगाना	hathakarī lagāna
Ausbruch (Flucht)	काराभंग (m)	kārābhang
ausbrechen (vi)	जेल से फरार हो जाना	jel se farār ho jāna
verschwinden (vi)	ग़ायब हो जाना	gāyab ho jāna
aus … entlassen	जेल से आज़ाद होना	jel se āzād hona
Amnestie (f)	राजक्षमा (f)	rājakshama
Polizei (f)	पुलिस (m)	pulis
Polizist (m)	पुलिसवाला (m)	pulisavāla
Polizeiwache (f)	थाना (m)	thāna
Gummiknüppel (m)	रबड़ की लाठी (f)	rabar kī lāthī
Sprachrohr (n)	मेगाफ़ोन (m)	megāfon
Streifenwagen (m)	गश्त कार (f)	gasht kār

Sirene (f)	साइरन (f)	sairan
die Sirene einschalten	साइरन बजाना	sairan bajāna
Sirenengeheul (n)	साइरन की चिल्लाहट (m)	sairan kī chillāhat

Tatort (m)	घटना स्थल (m)	ghatana sthal
Zeuge (m)	गवाह (m)	gavāh
Freiheit (f)	आज़ादी (f)	āzādī
Komplize (m)	सह अपराधी (m)	sah aparādhī
verschwinden (vi)	भाग जाना	bhāg jāna
Spur (f)	निशान (m)	nishān

163. Polizei. Recht. Teil 2

Fahndung (f)	तफ़्तीश (f)	tafatīsh
suchen (vt)	तफ़्तीश करना	tafatīsh karana
Verdacht (m)	शक (m)	shak
verdächtig (Adj)	शक करना	shak karana
anhalten (Polizei)	रोकना	rokana
verhaften (vt)	रोक के रखना	rok ke rakhana

Fall (m), Klage (f)	मुकदमा (m)	mukadama
Untersuchung (f)	जाँच (f)	jānch
Detektiv (m)	जासूस (m)	jāsūs
Ermittlungsrichter (m)	जाँचकर्ता (m)	jānchakartta
Version (f)	अंदाज़ा (m)	andāza

Motiv (n)	वजह (f)	vajah
Verhör (n)	पूछताछ (f)	pūchhatāchh
verhören (vt)	पूछताछ करना	pūchhatāchh karana
vernehmen (vt)	पूछताछ करना	puchhatāchh karana
Kontrolle (Personen-)	जाँच (f)	jānch

Razzia (f)	घेराव (m)	gherāv
Durchsuchung (f)	तलाशी (f)	talāshī
Verfolgung (f)	पीछा (m)	pīchha
nachjagen (vi)	पीछा करना	pīchha karana
verfolgen (vt)	खोज निकालना	khoj nikālana

Verhaftung (f)	गिरफ़्तारी (f)	giraftārī
verhaften (vt)	गिरफ़्तार करना	giraftār karana
fangen (vt)	पकड़ना	pakarana
Festnahme (f)	पकड़ (m)	pakar

Dokument (n)	दस्तावेज़ (m)	dastāvez
Beweis (m)	सबूत (m)	sabūt
beweisen (vt)	साबित करना	sābit karana
Fußspur (f)	पैरों के निशान (m)	pairon ke nishān
Fingerabdrücke (pl)	उंगलियों के निशान (m)	ungaliyon ke nishān
Beweisstück (n)	सबूत (m)	sabūt

Alibi (n)	अन्यत्रता (m)	anyatrata
unschuldig	बेगुनाह	begunāh
Ungerechtigkeit (f)	अन्याय (m)	anyāy
ungerecht	अन्यायपूर्ण	anyāyapūrn

Kriminal-	आपराधिक	āparādhik
beschlagnahmen (vt)	कुर्क करना	kurk karana
Droge (f)	अवैध पदार्थ (m)	avaidh padārth
Waffe (f)	हथियार (m)	hathiyār
entwaffnen (vt)	निरस्त्र करना	nirastr karana
befehlen (vt)	हुक्म देना	hukm dena
verschwinden (vi)	गायब होना	gāyab hona
Gesetz (n)	कानून (m)	kānūn
gesetzlich	कानूनी	kānūnī
ungesetzlich	अवैध	avaidh
Verantwortlichkeit (f)	ज़िम्मेदारी (f)	zimmedārī
verantwortlich	ज़िम्मेदार	zimmedār

NATUR

Die Erde. Teil 1

164. Weltall

Kosmos (m)	अंतरिक्ष (m)	antariksh
kosmisch, Raum-	अंतरिक्षीय	antarikshīy
Weltraum (m)	अंतरिक्ष (m)	antariksh
All (n), Universum (n)	ब्रह्माण्ड (m)	brahmānd
Galaxie (f)	आकाशगंगा (f)	ākāshaganga
Stern (m)	सितारा (m)	sitāra
Gestirn (n)	नक्षत्र (m)	nakshatr
Planet (m)	ग्रह (m)	grah
Satellit (m)	उपग्रह (m)	upagrah
Meteorit (m)	उल्का पिंड (m)	ulka pind
Komet (m)	पुच्छल तारा (m)	puchchhal tāra
Asteroid (m)	ग्रहिका (f)	grahika
Umlaufbahn (f)	ग्रहपथ (m)	grahapath
sich drehen	चक्कर लगना	chakkar lagana
Atmosphäre (f)	वातावरण (m)	vātāvaran
Sonne (f)	सूरज (m)	sūraj
Sonnensystem (n)	सौर प्रणाली (f)	saur pranālī
Sonnenfinsternis (f)	सूर्य ग्रहण (m)	sūry grahan
Erde (f)	पृथ्वी (f)	prthvī
Mond (m)	चांद (m)	chānd
Mars (m)	मंगल (m)	mangal
Venus (f)	शुक्र (m)	shukr
Jupiter (m)	बृहस्पति (m)	brhaspati
Saturn (m)	शनि (m)	shani
Merkur (m)	बुध (m)	budh
Uran (m)	अरुण (m)	arun
Neptun (m)	वरुण (m)	varūn
Pluto (m)	प्लूटो (m)	plūto
Milchstraße (f)	आकाश गंगा (f)	ākāsh ganga
Der Große Bär	सप्तर्षिमंडल (m)	saptarshimandal
Polarstern (m)	ध्रुव तारा (m)	dhruv tāra
Marsbewohner (m)	मंगल ग्रह का निवासी (m)	mangal grah ka nivāsī
Außerirdischer (m)	अन्य नक्षत्र का निवासी (m)	any nakshatr ka nivāsī
außerirdisches Wesen (n)	अन्य नक्षत्र का निवासी (m)	any nakshatr ka nivāsī

fliegende Untertasse (f)	उड़न तश्तरी (f)	uran tashtarī
Raumschiff (n)	अंतरिक्ष विमान (m)	antariksh vimān
Raumstation (f)	अंतरिक्ष अड्डा (m)	antariksh adda
Raketenstart (m)	चालू करना (m)	chālū karana
Triebwerk (n)	इंजन (m)	injan
Düse (f)	नोज़ल (m)	nozal
Treibstoff (m)	ईंधन (m)	īndhan
Kabine (f)	केबिन (m)	kebin
Antenne (f)	एरियल (m)	eriyal
Bullauge (n)	विमान गवाक्ष (m)	vimān gavāksh
Sonnenbatterie (f)	सौर पेनल (m)	saur penal
Raumanzug (m)	अंतरिक्ष पोशाक (m)	antariksh poshāk
Schwerelosigkeit (f)	भारहीनता (m)	bhārahīnata
Sauerstoff (m)	आक्सीजन (m)	āksījan
Ankopplung (f)	डॉकिंग (f)	doking
koppeln (vi)	डॉकिंग करना	doking karana
Observatorium (n)	वेधशाला (m)	vedhashāla
Teleskop (n)	दूरबीन (f)	dūrabīn
beobachten (vt)	देखना	dekhana
erforschen (vt)	जाँचना	jānchana

165. Die Erde

Erde (f)	पृथ्वी (f)	prthvī
Erdkugel (f)	गोला (m)	gola
Planet (m)	ग्रह (m)	grah
Atmosphäre (f)	वातावरण (m)	vātāvaran
Geographie (f)	भूगोल (m)	bhūgol
Natur (f)	प्रकृति (f)	prakrti
Globus (m)	गोलक (m)	golak
Landkarte (f)	नक्शा (m)	naksha
Atlas (m)	मानचित्रावली (f)	mānachitrāvalī
Europa (n)	यूरोप (m)	yūrop
Asien (n)	एशिया (f)	eshiya
Afrika (n)	अफ्रीका (m)	afrīka
Australien (n)	ऑस्ट्रेलिया (m)	ostreliya
Amerika (n)	अमेरिका (f)	amerika
Nordamerika (n)	उत्तरी अमेरिका (f)	uttarī amerika
Südamerika (n)	दक्षिणी अमेरिका (f)	dakshinī amerika
Antarktis (f)	अंटार्कटिक (m)	antārkatik
Arktis (f)	आर्कटिक (m)	ārkatik

166. Himmelsrichtungen

Norden (m)	उत्तर (m)	uttar
nach Norden	उत्तर की ओर	uttar kī or
im Norden	उत्तर में	uttar men
nördlich	उत्तरी	uttarī
Süden (m)	दक्षिण (m)	dakshin
nach Süden	दक्षिण की ओर	dakshin kī or
im Süden	दक्षिण में	dakshin men
südlich	दक्षिणी	dakshinī
Westen (m)	पश्चिम (m)	pashchim
nach Westen	पश्चिम की ओर	pashchim kī or
im Westen	पश्चिम में	pashchim men
westlich, West-	पश्चिमी	pashchimī
Osten (m)	पूर्व (m)	pūrv
nach Osten	पूर्व की ओर	pūrv kī or
im Osten	पूर्व में	pūrv men
östlich	पूर्वी	pūrvī

167. Meer. Ozean

Meer (n), See (f)	सागर (m)	sāgar
Ozean (m)	महासागर (m)	mahāsāgar
Golf (m)	खाड़ी (f)	khārī
Meerenge (f)	जलग्रीवा (m)	jalagrīva
Kontinent (m)	महाद्वीप (m)	mahādvīp
Insel (f)	द्वीप (m)	dvīp
Halbinsel (f)	प्रायद्वीप (m)	prāyadvīp
Archipel (m)	द्वीप समूह (m)	dvīp samūh
Bucht (f)	तट-खाड़ी (f)	tat-khārī
Hafen (m)	बंदरगाह (m)	bandaragāh
Lagune (f)	लैगून (m)	laigūn
Kap (n)	अंतरीप (m)	antarīp
Atoll (n)	एटोल (m)	etol
Riff (n)	रीफ़ (m)	rīf
Koralle (f)	प्रवाल (m)	pravāl
Korallenriff (n)	प्रवाल रीफ़ (m)	pravāl rīf
tief (Adj)	गहरा	gahara
Tiefe (f)	गहराई (f)	gaharaī
Abgrund (m)	रसातल (m)	rasātal
Graben (m)	गढ़ा (m)	garha
Strom (m)	धारा (f)	dhāra
umspülen (vt)	घिरा होना	ghira hona
Ufer (n)	किनारा (m)	kināra
Küste (f)	तटबंध (m)	tatabandh

Flut (f)	ज्वार (m)	jvār
Ebbe (f)	भाटा (m)	bhāta
Sandbank (f)	रेती (m)	retī
Boden (m)	तला (m)	tala

Welle (f)	तरंग (f)	tarang
Wellenkamm (m)	तरंग शिखर (f)	tarang shikhar
Schaum (m)	झाग (m)	jhāg

Orkan (m)	तुफ़ान (m)	tufān
Tsunami (m)	सुनामी (f)	sunāmī
Windstille (f)	शांत (m)	shānt
ruhig	शांत	shānt

| Pol (m) | ध्रुव (m) | dhruv |
| Polar- | ध्रुवीय | dhruvīy |

Breite (f)	अक्षांश (m)	akshānsh
Länge (f)	देशान्तर (m)	deshāntar
Breitenkreis (m)	समांतर-रेखा (f)	samāntar-rekha
Äquator (m)	भूमध्य रेखा (f)	bhūmadhy rekha

Himmel (m)	आकाश (f)	ākāsh
Horizont (m)	क्षितिज (m)	kshitij
Luft (f)	हवा (f)	hava

Leuchtturm (m)	प्रकाशस्तंभ (m)	prakāshastambh
tauchen (vi)	गोता मारना	gota mārana
versinken (vi)	डूब जाना	dūb jāna
Schätze (pl)	खज़ाना (m)	khazāna

168. Berge

Berg (m)	पहाड़ (m)	pahār
Gebirgskette (f)	पर्वत माला (f)	parvat māla
Bergrücken (m)	पहाड़ों का सिलसिला (m)	pahāron ka silasila

Gipfel (m)	चोटी (f)	chotī
Spitze (f)	शिखर (m)	shikhar
Bergfuß (m)	तलहटी (f)	talahatī
Abhang (m)	ढलान (f)	dhalān

Vulkan (m)	ज्वालामुखी (m)	jvālāmukhī
tätiger Vulkan (m)	सक्रिय ज्वालामुखी (m)	sakriy jvālāmukhī
schlafender Vulkan (m)	निष्क्रिय ज्वालामुखी (m)	nishkriy jvālāmukhī

Ausbruch (m)	विस्फोटन (m)	visfotan
Krater (m)	ज्वालामुखी का मुख (m)	jvālāmukhī ka mukh
Magma (n)	मैग्मा (m)	maigma
Lava (f)	लावा (m)	lāva
glühend heiß (-e Lava)	पिघला हुआ	pighala hua

| Cañon (m) | घाटी (m) | ghātī |
| Schlucht (f) | तंग घाटी (f) | tang ghātī |

Spalte (f)	दरार (m)	darār
Gebirgspass (m)	मार्ग (m)	mārg
Plateau (n)	पठार (m)	pathār
Fels (m)	शिला (f)	shila
Hügel (m)	टीला (m)	tīla

Gletscher (m)	हिमनद (m)	himanad
Wasserfall (m)	झरना (m)	jharana
Geiser (m)	उष्ण जल स्रोत (m)	ushn jal srot
See (m)	तालाब (m)	tālāb

Ebene (f)	समतल प्रदेश (m)	samatal pradesh
Landschaft (f)	परिदृश्य (m)	paridrshy
Echo (n)	गूँज (f)	gūnj

Bergsteiger (m)	पर्वतारोही (m)	parvatārohī
Kletterer (m)	पर्वतारोही (m)	parvatārohī
bezwingen (vt)	चोटी पर पहुँचना	chotī par pahunchana
Aufstieg (m)	चढ़ाव (m)	charhāv

169. Flüsse

Fluss (m)	नदी (f)	nadī
Quelle (f)	झरना (m)	jharana
Flussbett (n)	नदी तल (m)	nadī tal
Stromgebiet (n)	बेसिन (m)	besin
einmünden in …	गिरना	girana

| Nebenfluss (m) | उपनदी (f) | upanadī |
| Ufer (n) | तट (m) | tat |

Strom (m)	धारा (f)	dhāra
stromabwärts	बहाव के साथ	bahāv ke sāth
stromaufwärts	बहाव के विरुद्ध	bahāv ke virūddh

Überschwemmung (f)	बाढ़ (f)	bārh
Hochwasser (n)	बाढ़ (f)	bārh
aus den Ufern treten	उमड़ना	umarana
überfluten (vt)	पानी से भरना	pānī se bharana

| Sandbank (f) | छिछला पानी (m) | chhichhala pānī |
| Stromschnelle (f) | तेज़ उतार (m) | tez utār |

Damm (m)	बांध (m)	bāndh
Kanal (m)	नहर (f)	nahar
Stausee (m)	जलाशय (m)	jalāshay
Schleuse (f)	स्लूस (m)	slūs

Gewässer (n)	जल स्रोत (m)	jal srot
Sumpf (m), Moor (n)	दलदल (f)	daladal
Marsch (f)	दलदल (f)	daladal
Strudel (m)	भंवर (m)	bhanvar
Bach (m)	झरना (m)	jharana
Trink- (z.B. Trinkwasser)	पीने का	pīne ka

Süß- (Wasser)	ताज़ा	tāza
Eis (n)	बर्फ़ (m)	barf
zufrieren (vi)	जम जाना	jam jāna

170. Wald

| Wald (m) | जंगल (m) | jangal |
| Wald- | जंगली | jangalī |

Dickicht (n)	घना जंगल (m)	ghana jangal
Gehölz (n)	उपवान (m)	upavān
Lichtung (f)	खुला छोटा मैदान (m)	khula chhota maidān

| Dickicht (n) | झाड़ियाँ (f pl) | jhāriyān |
| Gebüsch (n) | झाड़ियों भरा मैदान (m) | jhāriyon bhara maidān |

| Fußweg (m) | फुटपाथ (m) | futapāth |
| Erosionsrinne (f) | नाली (f) | nālī |

Baum (m)	पेड़ (m)	per
Blatt (n)	पत्ता (m)	patta
Laub (n)	पत्तियां (f)	pattiyān

Laubfall (m)	पतझड़ (m)	patajhar
fallen (Blätter)	गिरना	girana
Wipfel (m)	शिखर (m)	shikhar

Zweig (m)	टहनी (f)	tahanī
Ast (m)	शाखा (f)	shākha
Knospe (f)	कलिका (f)	kalika
Nadel (f)	सुई (f)	suī
Zapfen (m)	शंकुफल (m)	shankufal

Höhlung (f)	खोखला (m)	khokhala
Nest (n)	घोंसला (m)	ghonsala
Höhle (f)	बिल (m)	bil

Stamm (m)	तना (m)	tana
Wurzel (f)	जड़ (f)	jar
Rinde (f)	छाल (f)	chhāl
Moos (n)	काई (f)	kaī

entwurzeln (vt)	उखाड़ना	ukhārana
fällen (vt)	काटना	kātana
abholzen (vt)	जंगल काटना	jangal kātana
Baumstumpf (m)	ठूंठ (m)	thūnth

Lagerfeuer (n)	अलाव (m)	alāv
Waldbrand (m)	जंगल की आग (f)	jangal kī āg
löschen (vt)	आग बुझाना	āg bujhāna

Förster (m)	वनरक्षक (m)	vanarakshak
Schutz (m)	रक्षा (f)	raksha
beschützen (vt)	रक्षा करना	raksha karana

159

| Wilddieb (m) | चोर शिकारी (m) | chor shikārī |
| Falle (f) | फंदा (m) | fanda |

| sammeln, pflücken (vt) | बटोरना | batorana |
| sich verirren | रास्ता भूलना | rāsta bhūlana |

171. natürliche Lebensgrundlagen

Naturressourcen (pl)	प्राकृतिक संसाधन (m pl)	prākrtik sansādhan
Bodenschätze (pl)	खनिज पदार्थ (m pl)	khanij padārth
Vorkommen (n)	तह (f pl)	tah
Feld (Ölfeld usw.)	क्षेत्र (m)	kshetr

gewinnen (vt)	खोदना	khodana
Gewinnung (f)	खनिकर्म (m)	khanikarm
Erz (n)	अयस्क (m)	ayask
Bergwerk (n)	खान (f)	khān
Schacht (m)	शैफ्ट (m)	shaifat
Bergarbeiter (m)	खनिक (m)	khanik

| Erdgas (n) | गैस (m) | gais |
| Gasleitung (f) | गैस पाइप लाइन (m) | gais paip lain |

Erdöl (n)	पेट्रोल (m)	petrol
Erdölleitung (f)	तेल पाइप लाइन (m)	tel paip lain
Ölquelle (f)	तेल का कुँआ (m)	tel ka kuna
Bohrturm (m)	डेरिक (m)	derik
Tanker (m)	टैंकर (m)	tainkar

Sand (m)	रेत (m)	ret
Kalkstein (m)	चूना पत्थर (m)	chūna patthar
Kies (m)	बजरी (f)	bajarī
Torf (m)	पीट (m)	pīt
Ton (m)	मिट्टी (f)	mittī
Kohle (f)	कोयला (m)	koyala

Eisen (n)	लोहा (m)	loha
Gold (n)	सोना (m)	sona
Silber (n)	चाँदी (f)	chāndī
Nickel (n)	गिलट (m)	gilat
Kupfer (n)	ताँबा (m)	tānba

Zink (n)	जस्ता (m)	jasta
Mangan (n)	अयस (m)	ayas
Quecksilber (n)	पारा (f)	pāra
Blei (n)	सीसा (f)	sīsa

Mineral (n)	खनिज (m)	khanij
Kristall (m)	क्रिस्टल (m)	kristal
Marmor (m)	संगमरमर (m)	sangamaramar
Uran (n)	यूरेनियम (m)	yūreniyam

Die Erde. Teil 2

172. Wetter

Wetter (n)	मौसम (m)	mausam
Wetterbericht (m)	मौसम का पूर्वानुमान (m)	mausam ka pūrvānumān
Temperatur (f)	तापमान (m)	tāpamān
Thermometer (n)	थर्मामीटर (m)	tharmāmītar
Barometer (n)	बैरोमीटर (m)	bairomītar
Feuchtigkeit (f)	नमी (f)	namī
Hitze (f)	गरमी (f)	garamī
glutheiß	गरम	garam
ist heiß	गरमी है	garamī hai
ist warm	गरम है	garam hai
warm (Adj)	गरम	garam
ist kalt	ठंडक है	thandak hai
kalt (Adj)	ठंडा	thanda
Sonne (f)	सूरज (m)	sūraj
scheinen (vi)	चमकना	chamakana
sonnig (Adj)	धूपदार	dhūpadār
aufgehen (vi)	उगना	ugana
untergehen (vi)	डूबना	dūbana
Wolke (f)	बादल (m)	bādal
bewölkt, wolkig	मेघाच्छादित	meghāchchhādit
Regenwolke (f)	घना बादल (m)	ghana bādal
trüb (-er Tag)	बदली	badalī
Regen (m)	बारिश (f)	bārish
Es regnet	बारिश हो रही है	bārish ho rahī hai
regnerisch (-er Tag)	बरसाती	barasātī
nieseln (vi)	बूंदाबांदी होना	būndābāndī hona
strömender Regen (m)	मूसलधार बारिश (f)	mūsaladhār bārish
Regenschauer (m)	मूसलधार बारिश (f)	mūsaladhār bārish
stark (-er Regen)	भारी	bhārī
Pfütze (f)	पोखर (m)	pokhar
nass werden (vi)	भीगना	bhīgana
Nebel (m)	कुहरा (m)	kuhara
neblig (-er Tag)	कुहरेदार	kuharedār
Schnee (m)	बर्फ़ (f)	barf
Es schneit	बर्फ़ पड़ रही है	barf par rahī hai

173. Unwetter Naturkatastrophen

Gewitter (n)	गरजवाला तुफान (m)	garajavāla tufān
Blitz (m)	बिजली (m)	bijalī
blitzen (vi)	चमकना	chamakana
Donner (m)	गरज (m)	garaj
donnern (vi)	बादल गरजना	bādal garajana
Es donnert	बादल गरज रहा है	bādal garaj raha hai
Hagel (m)	ओला (m)	ola
Es hagelt	ओले पड़ रहे हैं	ole par rahe hain
überfluten (vt)	बाढ़ आ जाना	bārh ā jāna
Überschwemmung (f)	बाढ़ (f)	bārh
Erdbeben (n)	भूकंप (m)	bhūkamp
Erschütterung (f)	झटका (m)	jhataka
Epizentrum (n)	अधिकेंद्र (m)	adhikendr
Ausbruch (m)	उद्गार (m)	udgār
Lava (f)	लावा (m)	lāva
Wirbelsturm (m)	बवंडर (m)	bavandar
Tornado (m)	टोर्नेडो (m)	tornedo
Taifun (m)	रतूफ़ान (m)	ratūfān
Orkan (m)	समुद्री तूफ़ान (m)	samudrī tūfān
Sturm (m)	तूफ़ान (m)	tufān
Tsunami (m)	सुनामी (f)	sunāmī
Zyklon (m)	चक्रवात (m)	chakravāt
Unwetter (n)	ख़राब मौसम (m)	kharāb mausam
Brand (m)	आग (f)	āg
Katastrophe (f)	प्रलय (m)	pralay
Meteorit (m)	उल्का पिंड (m)	ulka pind
Lawine (f)	हिमस्खलन (m)	himaskhalan
Schneelawine (f)	हिमस्खलन (m)	himaskhalan
Schneegestöber (n)	बर्फ़ का तूफ़ान (m)	barf ka tufān
Schneesturm (m)	बर्फ़ीला तूफ़ान (m)	barfila tufān

Fauna

174. Säugetiere. Raubtiere

Raubtier (n)	परभक्षी (m)	parabhakshī
Tiger (m)	बाघ (m)	bāgh
Löwe (m)	शेर (m)	sher
Wolf (m)	भेड़िया (m)	bheriya
Fuchs (m)	लोमड़ी (f)	lomri
Jaguar (m)	जागुआर (m)	jāguār
Leopard (m)	तेंदुआ (m)	tendua
Gepard (m)	चीता (m)	chīta
Panther (m)	काला तेंदुआ (m)	kāla tendua
Puma (m)	पहाड़ी बिलाव (m)	pahādī bilāv
Schneeleopard (m)	हिम तेंदुआ (m)	him tendua
Luchs (m)	वन बिलाव (m)	van bilāv
Kojote (m)	कोयोट (m)	koyot
Schakal (m)	गीदड़ (m)	gīdar
Hyäne (f)	लकड़बग्घा (m)	lakarabaggha

175. Tiere in freier Wildbahn

Tier (n)	जानवर (m)	jānavar
Bestie (f)	जानवर (m)	jānavar
Eichhörnchen (n)	गिलहरी (f)	gilaharī
Igel (m)	कांटा-चूहा (m)	kānta-chūha
Hase (m)	खरगोश (m)	kharagosh
Kaninchen (n)	खरगोश (m)	kharagosh
Dachs (m)	बिज्जू (m)	bijjū
Waschbär (m)	रैकून (m)	raikūn
Hamster (m)	हैम्स्टर (m)	haimstar
Murmeltier (n)	मारमोट (m)	māramot
Maulwurf (m)	छछुंदर (m)	chhachhūndar
Maus (f)	चूहा (m)	chūha
Ratte (f)	घूस (m)	ghūs
Fledermaus (f)	चमगादड़ (m)	chamagādar
Hermelin (n)	नेवला (m)	nevala
Zobel (m)	सेबल (m)	sebal
Marder (m)	मारटेन (m)	māraten
Wiesel (n)	नेवला (m)	nevala
Nerz (m)	मिंक (m)	mink

Biber (m)	ऊदबिलाव (m)	ūdabilāv
Fischotter (m)	ऊदबिलाव (m)	ūdabilāv
Pferd (n)	घोड़ा (m)	ghora
Elch (m)	मूस (m)	mūs
Hirsch (m)	हिरण (m)	hiran
Kamel (n)	ऊंट (m)	ūnt
Bison (m)	बाइसन (m)	baisan
Wisent (m)	जंगली बैल (m)	jangalī bail
Büffel (m)	भैंस (m)	bhains
Zebra (n)	ज़ेबरा (m)	zebara
Antilope (f)	मृग (f)	mrg
Reh (n)	मृग्नी (f)	mrgnī
Damhirsch (m)	चीतल (m)	chītal
Gämse (f)	शैमी (f)	shaimī
Wildschwein (n)	जंगली सुआर (m)	jangalī suăr
Wal (m)	ह्वेल (f)	hvel
Seehund (m)	सील (m)	sīl
Walroß (n)	वॉलरस (m)	volaras
Seebär (m)	फर सील (f)	far sīl
Delfin (m)	डॉलफ़िन (f)	dolafin
Bär (m)	रीछ (m)	rīchh
Eisbär (m)	सफ़ेद रीछ (m)	safed rīchh
Panda (m)	पांडा (m)	pānda
Affe (m)	बंदर (m)	bandar
Schimpanse (m)	वनमानुष (m)	vanamānush
Orang-Utan (m)	वनमानुष (m)	vanamānush
Gorilla (m)	गोरिला (m)	gorila
Makak (m)	अफ़्रीकन लंगूर (m)	afrikan langūr
Gibbon (m)	गिब्बन (m)	gibban
Elefant (m)	हाथी (m)	hāthī
Nashorn (n)	गैंडा (m)	gainda
Giraffe (f)	जिराफ़ (m)	jirāf
Flusspferd (n)	दरियाई घोड़ा (m)	dariyaī ghora
Känguru (n)	कंगारू (m)	kangārū
Koala (m)	कोआला (m)	koāla
Manguste (f)	नेवला (m)	nevala
Chinchilla (n)	चिनचीला (f)	chinachīla
Stinktier (n)	स्कंक (m)	skank
Stachelschwein (n)	शल्यक (f)	shalyak

176. Haustiere

Katze (f)	बिल्ली (f)	billī
Kater (m)	बिल्ला (m)	billa
Hund (m)	कुत्ता (m)	kutta

Pferd (n)	घोड़ा (m)	ghora
Hengst (m)	घोड़ा (m)	ghora
Stute (f)	घोड़ी (f)	ghorī

Kuh (f)	गाय (f)	gāy
Stier (m)	बैल (m)	bail
Ochse (m)	बैल (m)	bail

Schaf (n)	भेड़ (f)	bher
Widder (m)	भेड़ा (m)	bhera
Ziege (f)	बकरी (f)	bakarī
Ziegenbock (m)	बकरा (m)	bakara

| Esel (m) | गधा (m) | gadha |
| Maultier (n) | खच्चर (m) | khachchar |

Schwein (n)	सुअर (m)	suar
Ferkel (n)	घंटा (m)	ghenta
Kaninchen (n)	खरगोश (m)	kharagosh

| Huhn (n) | मुर्गी (f) | murgī |
| Hahn (m) | मुर्गा (m) | murga |

Ente (f)	बत्तख़ (f)	battakh
Enterich (m)	नर बत्तख़ (m)	nar battakh
Gans (f)	हंस (m)	hans

| Puter (m) | नर टर्की (m) | nar tarkī |
| Pute (f) | टर्की (f) | tarkī |

Haustiere (pl)	घरेलू पशु (m pl)	gharelū pashu
zahm	पालतू	pālatū
zähmen (vt)	पालतू बनाना	pālatū banāna
züchten (vt)	पालना	pālana

Farm (f)	खेत (m)	khet
Geflügel (n)	मुर्गी पालन (f)	murgī pālan
Vieh (n)	मवेशी (m)	maveshī
Herde (f)	पशु समूह (m)	pashu samūh

Pferdestall (m)	अस्तबल (m)	astabal
Schweinestall (m)	सूअरखाना (m)	sūarakhāna
Kuhstall (m)	गोशाला (f)	goshāla
Kaninchenstall (m)	खरगोश का दरबा (m)	kharagosh ka daraba
Hühnerstall (m)	मुर्गीखाना (m)	murgīkhāna

177. Hunde. Hunderassen

Hund (m)	कुत्ता (m)	kutta
Schäferhund (m)	गड़रिये का कुत्ता (m)	garariye ka kutta
Pudel (m)	पूडल (m)	pūdal
Dachshund (m)	डाक्सहुण्ड (m)	dāksahūnd
Bulldogge (f)	बुलडॉग (m)	buladog
Boxer (m)	बॉक्सर (m)	boksar

Mastiff (m)	मास्टिफ़ (m)	māstif
Rottweiler (m)	रॉटवायलर (m)	rotavāyalar
Dobermann (m)	डोबरमैन (m)	dobaramain

Basset (m)	बास्सेट (m)	bāsset
Bobtail (m)	बोब्टेल (m)	bobtel
Dalmatiner (m)	डालमेशियन (m)	dālameshiyan
Cocker-Spaniel (m)	कॉकर स्पैनियल (m)	kokar spainiyal

| Neufundländer (m) | न्यूफाउंडलंड (m) | nyūfaundaland |
| Bernhardiner (m) | सेंट बर्नार्ड (m) | sent barnārd |

Eskimohund (m)	हस्की (m)	haskī
Chow-Chow (m)	चाउ-चाउ (m)	chau-chau
Spitz (m)	स्पीट्ज़ (m)	spītz
Mops (m)	पग (m)	pag

178. Tierlaute

Gebell (n)	भौं-भौं (f)	bhaun-bhaun
bellen (vi)	भौंकना	bhaunkana
miauen (vi)	म्याऊं-म्याऊं करना	myaūn-myaun karana
schnurren (Katze)	घुरघुराना	ghuraghurāna

muhen (vi)	रँभाना	ranbhāna
brüllen (Stier)	गर्जना	garjana
knurren (Hund usw.)	गुर्राना	gurrāna

Heulen (n)	गुर्राहट (f)	gurrāhat
heulen (vi)	चिल्लाना (m)	chillāna
winseln (vi)	रिरियाना	ririyāna

meckern (Ziege)	मिमियाना	mimiyāna
grunzen (vi)	घुरघुराना	ghuraghurāna
kreischen (vi)	किकियाना	kikiyāna

quaken (vi)	टर्र-टर्र करना	tarr-tarr karana
summen (Insekt)	भनभनाना	bhanabhanāna
zirpen (vi)	चरचराना	characharāna

179. Vögel

Vogel (m)	चिड़िया (f)	chiriya
Taube (f)	कबूतर (m)	kabūtar
Spatz (m)	गौरेया (f)	gauraiya
Meise (f)	टिटरी (f)	titarī
Elster (f)	नीलकण्ठ पक्षी (f)	nīlakanth pakshī

Rabe (m)	काला कौआ (m)	kāla kaua
Krähe (f)	कौआ (m)	kaua
Dohle (f)	कौआ (m)	kaua
Saatkrähe (f)	कौआ (m)	kaua

Ente (f)	बत्तख़ (f)	battakh
Gans (f)	हंस (m)	hans
Fasan (m)	तीतर (m)	tītar

Adler (m)	चील (f)	chīl
Habicht (m)	बाज़ (m)	bāz
Falke (m)	बाज़ (m)	bāz
Greif (m)	गिद्ध (m)	giddh
Kondor (m)	कॉन्डोर (m)	kondor

Schwan (m)	राजहंस (m)	rājahans
Kranich (m)	सारस (m)	sāras
Storch (m)	लकलक (m)	lakalak
Papagei (m)	तोता (m)	tota
Kolibri (m)	हमिंग बर्ड (f)	haming bard
Pfau (m)	मोर (m)	mor

Strauß (m)	शुतुरमुर्ग (m)	shuturamurg
Reiher (m)	बगुला (m)	bagula
Flamingo (m)	फ़्लेमिन्गो (m)	flemingo
Pelikan (m)	हवासिल (m)	havāsil

Nachtigall (f)	बुलबुल (m)	bulabul
Schwalbe (f)	अबाबील (f)	abābīl
Drossel (f)	मुखव्रण (f)	mukhavran
Singdrossel (f)	मुखव्रण (f)	mukhavran
Amsel (f)	ब्लैकबर्ड (m)	blaikabard

Segler (m)	बतासी (f)	batāsī
Lerche (f)	भरत (m)	bharat
Wachtel (f)	वर्तक (m)	varttak

Specht (m)	कठफोड़ा (m)	kathafora
Kuckuck (m)	कोयल (f)	koyal
Eule (f)	उल्लू (m)	ullū
Uhu (m)	गरुड़ उल्लू (m)	garūr ullū
Auerhahn (m)	तीतर (m)	tītar
Birkhahn (m)	काला तीतर (m)	kāla tītar
Rebhuhn (n)	चकोर (m)	chakor

Star (m)	तिलिया (f)	tiliya
Kanarienvogel (m)	कनारी (f)	kanārī
Haselhuhn (n)	पिंगल तीतर (m)	pingal tītar
Buchfink (m)	फ़िंच (m)	finch
Gimpel (m)	बुलफ़िंच (m)	bulafinch

Möwe (f)	गंगा-चिल्ली (f)	ganga-chillī
Albatros (m)	अल्बात्रोस (m)	albātros
Pinguin (m)	पेंगुइन (m)	penguin

180. Vögel. Gesang und Laute

| singen (vt) | गाना | gāna |
| schreien (vi) | बुलाना | bulāna |

| kikeriki schreien | बाँग देना | bāng dena |
| kikeriki | कुकड़ूकू | kukarūnkū |

gackern (vi)	कुड़कुड़ाना	kurakurāna
krächzen (vi)	कांय कांय करना	kāny kāny karana
schnattern (Ente)	कुवैक कुवैक करना	kuvaik kuvaik karana
piepsen (vi)	चीं चीं करना	chīn chīn karana
zwitschern (vi)	चहकना	chahakana

181. Fische. Meerestiere

Brachse (f)	ब्रीम (f)	brīm
Karpfen (m)	कार्प (f)	kārp
Barsch (m)	पर्च (f)	parch
Wels (m)	कैटफ़िश (f)	kaitafish
Hecht (m)	पाइक (f)	paik

| Lachs (m) | सैल्मन (f) | sailman |
| Stör (m) | स्टर्जन (f) | starjan |

| Hering (m) | हेरिंग (f) | hering |
| atlantische Lachs (m) | अटलांटिक सैल्मन (f) | atalāntik sailman |

| Makrele (f) | माक्रैल (f) | mākrail |
| Scholle (f) | फ़्लैटफ़िश (f) | flaitafish |

| Zander (m) | पाइक पर्च (f) | paik parch |
| Dorsch (m) | कॉड (f) | kod |

| Tunfisch (m) | ट्यूना (f) | tūna |
| Forelle (f) | ट्राउट (f) | traut |

| Aal (m) | सर्पमीन (f) | sarpamīn |
| Zitterrochen (m) | विद्युत शंकुश (f) | vidyut shankush |

| Muräne (f) | मोरे सर्पमीन (f) | more sarpamīn |
| Piranha (m) | पिरान्हा (f) | pirānha |

Hai (m)	शार्क (f)	shārk
Delfin (m)	डॉल्फ़िन (f)	dolafin
Wal (m)	ह्वेल (f)	hvel

Krabbe (f)	केकड़ा (m)	kekara
Meduse (f)	जेली फ़िश (f)	jelī fish
Krake (m)	आक्टोपस (m)	āktopas

Seestern (m)	स्टार फ़िश (f)	stār fish
Seeigel (m)	जलसाही (f)	jalasāhī
Seepferdchen (n)	समुद्री घोड़ा (m)	samudrī ghora

Auster (f)	कस्तूरा (m)	kastūra
Garnele (f)	झींगा (f)	jhīnga
Hummer (m)	लॉब्सटर (m)	lobsatar
Languste (f)	स्पाइनी लॉब्सटर (m)	spainī lobsatar

182. Amphibien Reptilien

Schlange (f)	सर्प (m)	sarp
Gift-, giftig	विषैला	vishaila
Viper (f)	वाइपर (m)	vaipar
Kobra (f)	नाग (m)	nāg
Python (m)	अजगर (m)	ajagar
Boa (f)	अजगर (m)	ajagar
Ringelnatter (f)	साँप (f)	sānp
Klapperschlange (f)	रैटल सर्प (m)	raital sarp
Anakonda (f)	एनाकोन्डा (f)	enākonda
Eidechse (f)	छिपकली (f)	chhipakalī
Leguan (m)	इग्यूएना (m)	igyūena
Waran (m)	मॉनिटर छिपकली (f)	monitar chhipakalī
Salamander (m)	सैलामैंडर (m)	sailāmaindar
Chamäleon (n)	गिरगिट (m)	giragit
Skorpion (m)	वृश्चिक (m)	vrshchik
Schildkröte (f)	कछुआ (m)	kachhua
Frosch (m)	मेंढक (m)	mendhak
Kröte (f)	भेक (m)	bhek
Krokodil (n)	मगर (m)	magar

183. Insekten

Insekt (n)	कीट (m)	kīt
Schmetterling (m)	तितली (f)	titalī
Ameise (f)	चींटी (f)	chīntī
Fliege (f)	मक्खी (f)	makkhī
Mücke (f)	मच्छर (m)	machchhar
Käfer (m)	भृंग (m)	bhrng
Wespe (f)	हड्डा (m)	hadda
Biene (f)	मधुमक्खी (f)	madhumakkhī
Hummel (f)	भंवरा (m)	bhanvara
Bremse (f)	गोमक्खी (f)	gomakkhī
Spinne (f)	मकड़ी (f)	makarī
Spinnennetz (n)	मकड़ी का जाल (m)	makarī ka jāl
Libelle (f)	व्याध-पतंग (m)	vyādh-patang
Grashüpfer (m)	टिड्डा (m)	tidda
Schmetterling (m)	पतंगा (m)	patanga
Schabe (f)	तिलचट्टा (m)	tilachatta
Zecke (f)	जुँआ (m)	juna
Floh (m)	पिस्सू (m)	pissū
Kriebelmücke (f)	भुनगा (m)	bhunaga
Heuschrecke (f)	टिड्डी (f)	tiddī
Schnecke (f)	घोंघा (m)	ghongha

Heimchen (n)	झींगुर (m)	jhīngur
Leuchtkäfer (m)	जुगनू (m)	juganū
Marienkäfer (m)	सोनपंखी (f)	sonapankhī
Maikäfer (m)	कोकचाफ़ (m)	kokachāf

Blutegel (m)	जोक (m)	jok
Raupe (f)	इल्ली (f)	illī
Wurm (m)	केंचुआ (m)	kenchua
Larve (f)	कीटडिंभ (m)	kītadimbh

184. Tiere. Körperteile

Schnabel (m)	चोंच (f)	chonch
Flügel (pl)	पंख (m pl)	pankh
Fuß (m)	पंजा (m)	panja
Gefieder (n)	पक्षी के पर (m)	pakshī ke par
Feder (f)	पर (m)	par
Haube (f)	कलगी (f)	kalagī

Kiemen (pl)	गलफड़ा (m)	galafara
Laich (m)	अंडा (m)	anda
Larve (f)	लार्वा (f)	lārva
Flosse (f)	मछली का पंख (m)	machhalī ka pankh
Schuppe (f)	स्केल (f)	skel

Stoßzahn (m)	खांग (m)	khāng
Pfote (f)	पंजा (m)	panja
Schnauze (f)	थूथन (m)	thūthan
Rachen (m)	मुंह (m)	munh
Schwanz (m)	पूंछ (f)	pūnchh
Barthaar (n)	मूंछें (f pl)	mūnchhen

| Huf (m) | खुर (m) | khur |
| Horn (n) | शृंग (m) | shrng |

Panzer (m)	कवच (m)	kavach
Muschel (f)	कौड़ी (f)	kaurī
Schale (f)	अंडे का छिलका (m)	ande ka chhilaka

| Fell (n) | जानवर के बाल (m) | jānavar ke bāl |
| Haut (f) | पशुचर्म (m) | pashucharm |

185. Tiere. Lebensräume

| Lebensraum (f) | निवास-स्थान (m) | nivās-sthān |
| Wanderung (f) | देशांतरण (m) | deshāntaran |

Berg (m)	पहाड़ (m)	pahār
Riff (n)	रीफ़ (m)	rīf
Fels (m)	शिला (f)	shila
Wald (m)	वन (m)	van
Dschungel (m, n)	जंगल (m)	jangal

Savanne (f)	सवान्ना (m)	savānna
Tundra (f)	तुंड्रा (m)	tundra
Steppe (f)	घास का मैदान (m)	ghās ka maidān
Wüste (f)	रेगिस्तान (m)	registān
Oase (f)	नख़लिस्तान (m)	nakhalistān
Meer (n), See (f)	सागर (m)	sāgar
See (m)	तालाब (m)	tālāb
Ozean (m)	महासागर (m)	mahāsāgar
Sumpf (m)	दलदल (m)	daladal
Süßwasser-	मीठे पानी का	mīthe pānī ka
Teich (m)	ताल (m)	tāl
Fluss (m)	नदी (f)	nadī
Höhle (f), Bau (m)	गुफ़ा (f)	gufa
Nest (n)	घोंसला (m)	ghonsala
Höhlung (f)	खोखला (m)	khokhala
Loch (z.B. Wurmloch)	बिल (m)	bil
Ameisenhaufen (m)	बांबी (f)	bāmbī

Flora

186. Bäume

Baum (m)	पेड़ (m)	per
Laub-	पर्णपाती	parnapātī
Nadel-	शंकुधर	shankudhar
immergrün	सदाबहार	sadābahār

Apfelbaum (m)	सेब वृक्ष (m)	seb vrksh
Birnbaum (m)	नाशपाती का पेड़ (m)	nāshpātī ka per
Kirschbaum (m)	चेरी का पेड़ (f)	cherī ka per
Pflaumenbaum (m)	आलूबुख़ारे का पेड़ (m)	ālūbukhāre ka per

Birke (f)	सनोबर का पेड़ (m)	sanobar ka per
Eiche (f)	बलूत (m)	balūt
Linde (f)	लिनडेन वृक्ष (m)	linaden vrksh
Espe (f)	आस्पेन वृक्ष (m)	āspen vrksh
Ahorn (m)	मेपल (m)	mepal

Fichte (f)	फर का पेड़ (m)	far ka per
Kiefer (f)	देवदार (m)	devadār
Lärche (f)	लार्च (m)	lārch
Tanne (f)	फर (m)	far
Zeder (f)	देवदर (m)	devadar
Pappel (f)	पोप्लर वृक्ष (m)	poplar vrksh
Vogelbeerbaum (m)	रोवाण (m)	rovān
Weide (f)	विलो (f)	vilo
Erle (f)	आल्डर वृक्ष (m)	āldar vrksh

Buche (f)	बीच (m)	bīch
Ulme (f)	एल्म वृक्ष (m)	elm vrksh
Esche (f)	एश-वृक्ष (m)	esh-vrksh
Kastanie (f)	चेस्टनट (m)	chestanat

Magnolie (f)	मैगनोलिया (f)	maiganoliya
Palme (f)	ताड़ का पेड़ (m)	tār ka per
Zypresse (f)	सरो (m)	saro

Mangrovenbaum (m)	मैनग्रोव (m)	mainagrov
Baobab (m)	गोरक्षी (m)	gorakshī
Eukalyptus (m)	यूकेलिप्टस (m)	yūkeliptas
Mammutbaum (m)	सेकोइया (f)	sekoiya

187. Büsche

| Strauch (m) | झाड़ी (f) | jhārī |
| Gebüsch (n) | झाड़ी (f) | jhārī |

| Weinstock (m) | अंगूर की बेल (f) | angūr kī bel |
| Weinberg (m) | अंगूर का बाग़ (m) | angūr ka bāg |

Himbeerstrauch (m)	रास्पबेरी की झाड़ी (f)	rāspaberī kī jhārī
rote Johannisbeere (f)	लाल करेंट की झाड़ी (f)	lāl karent kī jhārī
Stachelbeerstrauch (m)	गूज़बेरी की झाड़ी (f)	gūzaberī kī jhārī

Akazie (f)	ऐकेशिय (m)	aikeshiy
Berberitze (f)	बारबेरी झाड़ी (f)	bāraberī jhārī
Jasmin (m)	चमेली (f)	chamelī

Wacholder (m)	जूनिपर (m)	jūnipar
Rosenstrauch (m)	गुलाब की झाड़ी (f)	gulāb kī jhārī
Heckenrose (f)	जंगली गुलाब (m)	jangalī gulāb

188. Pilze

Pilz (m)	गगन-धूलि (f)	gagan-dhūli
essbarer Pilz (m)	खाने योग्य गगन-धूलि (f)	khāne yogy gagan-dhūli
Giftpilz (m)	ज़हरीली गगन-धूलि (f)	zaharīlī gagan-dhūli
Hut (m)	छतरी (f)	chhatarī
Stiel (m)	डंठल (f)	danthal

Steinpilz (m)	सफ़ेद गगन-धूलि (f)	safed gagan-dhūli
Rotkappe (f)	नारंगी छतरी वाली गगन-धूलि (f)	nārangī chhatarī vālī gagan-dhūli
Birkenpilz (m)	बर्च बोलेट (f)	barch bolet
Pfifferling (m)	शेंटरेल (f)	shentarel
Täubling (m)	रसुला (f)	rasula

Morchel (f)	मोरेल (f)	morel
Fliegenpilz (m)	फ्लाई ऐगेरिक (f)	flaī aigerik
Grüner Knollenblätterpilz	डेथ कैप (f)	deth kaip

189. Obst. Beeren

Frucht (f)	फल (m)	fal
Früchte (pl)	फल (m pl)	fal
Apfel (m)	सेब (m)	seb
Birne (f)	नाशपाती (f)	nāshpātī
Pflaume (f)	आलूबुखारा (m)	ālūbukhāra

Erdbeere (f)	स्ट्रॉबेरी (f)	stroberī
Kirsche (f)	चेरी (f)	cherī
Weintrauben (pl)	अंगूर (m)	angūr

Himbeere (f)	रास्पबेरी (f)	rāspaberī
schwarze Johannisbeere (f)	काली करेंट (f)	kālī karent
rote Johannisbeere (f)	लाल करेंट (f)	lāl karent
Stachelbeere (f)	गूज़बेरी (f)	gūzaberī
Moosbeere (f)	क्रैनबेरी (f)	krenaberī
Apfelsine (f)	संतरा (m)	santara

173

Mandarine (f)	नारंगी (f)	nārangī
Ananas (f)	अनानास (m)	anānās
Banane (f)	केला (m)	kela
Dattel (f)	खजूर (m)	khajūr
Zitrone (f)	नींबू (m)	nīmbū
Aprikose (f)	खूबानी (f)	khūbānī
Pfirsich (m)	आड़ू (m)	ārū
Kiwi (f)	चीकू (m)	chīkū
Grapefruit (f)	ग्रेपफ्रूट (m)	grepafrūt
Beere (f)	बेरी (f)	berī
Beeren (pl)	बेरियां (f pl)	beriyān
Preiselbeere (f)	काओबेरी (f)	kaoberī
Walderdbeere (f)	जंगली स्ट्रॉबेरी (f)	jangalī stroberī
Heidelbeere (f)	बिलबेरी (f)	bilaberī

190. Blumen. Pflanzen

Blume (f)	फूल (m)	fūl
Blumenstrauß (m)	गुलदस्ता (m)	guladasta
Rose (f)	गुलाब (f)	gulāb
Tulpe (f)	ट्यूलिप (m)	tyūlip
Nelke (f)	गुलनार (m)	gulanār
Gladiole (f)	ग्लेडियोलस (m)	glediyolas
Kornblume (f)	नीलकूपी (m)	nīlakūpī
Glockenblume (f)	ब्लूबेल (m)	blūbel
Löwenzahn (m)	कुकरौंधा (m)	kukaraundha
Kamille (f)	कैमोमाइल (m)	kaimomail
Aloe (f)	मुसब्बर (m)	musabbar
Kaktus (m)	कैक्टस (m)	kaiktas
Gummibaum (m)	रबड़ का पौधा (m)	rabar ka paudha
Lilie (f)	कुमुदिनी (f)	kumudinī
Geranie (f)	जेरेनियम (m)	jeraniyam
Hyazinthe (f)	हायसिंथ (m)	hāyasinth
Mimose (f)	मिमोसा (m)	mimosa
Narzisse (f)	नरगिस (f)	naragis
Kapuzinerkresse (f)	नस्टाशयम (m)	nastāshayam
Orchidee (f)	आर्किड (m)	ārkid
Pfingstrose (f)	पियोनी (m)	piyonī
Veilchen (n)	वॉयलेट (m)	voyalet
Stiefmütterchen (n)	पैंज़ी (m pl)	painzī
Vergissmeinnicht (n)	फर्गेट मी नाट (m)	fargent mī nāt
Gänseblümchen (n)	गुलबहार (f)	gulabahār
Mohn (m)	खशखाश (m)	khashakhāsh
Hanf (m)	भांग (f)	bhāng

Minze (f)	पुदीना (m)	pudīna
Maiglöckchen (n)	कामुदिनी (f)	kāmudinī
Schneeglöckchen (n)	सफ़ेद फूल (m)	safed fūl

Brennnessel (f)	बिच्छू बूटी (f)	bichchhū būtī
Sauerampfer (m)	सोरेल (m)	sorel
Seerose (f)	कुमुदिनी (f)	kumudinī
Farn (m)	फर्न (m)	farn
Flechte (f)	शैवाक (m)	shaivāk

Gewächshaus (n)	शीशाघर (m)	shīshāghar
Rasen (m)	घास का मैदान (m)	ghās ka maidān
Blumenbeet (n)	फुलवारी (f)	fulavārī

Pflanze (f)	पौधा (m)	paudha
Gras (n)	घास (f)	ghās
Grashalm (m)	तिनका (m)	tinaka

Blatt (n)	पत्ती (f)	pattī
Blütenblatt (n)	पंखड़ी (f)	pankharī
Stiel (m)	डंडी (f)	dandī
Knolle (f)	कंद (m)	kand

| Jungpflanze (f) | अंकुर (m) | ankur |
| Dorn (m) | कांटा (m) | kānta |

blühen (vi)	खिलना	khilana
welken (vi)	मुरझाना	murajhāna
Geruch (m)	बू (m)	bū
abschneiden (vt)	काटना	kātana
pflücken (vt)	तोड़ना	torana

191. Getreide, Körner

Getreide (n)	दाना (m)	dāna
Getreidepflanzen (pl)	अनाज की फ़सलें (m pl)	anāj kī fasalen
Ähre (f)	बाल (f)	bāl

Weizen (m)	गेहूं (m)	gehūn
Roggen (m)	रई (f)	raī
Hafer (m)	जई (f)	jaī

| Hirse (f) | बाजरा (m) | bājara |
| Gerste (f) | जौ (m) | jau |

Mais (m)	मक्का (m)	makka
Reis (m)	चावल (m)	chāval
Buchweizen (m)	मोथी (m)	mothī

Erbse (f)	मटर (m)	matar
weiße Bohne (f)	राजमा (f)	rājama
Sojabohne (f)	सोया (m)	soya
Linse (f)	दाल (m)	dāl
Bohnen (pl)	फली (f pl)	falī

REGIONALE GEOGRAPHIE

Länder. Nationalitäten

192. Politik. Regierung. Teil 1

Politik (f)	राजनीति (f)	rājanīti
politisch	राजनीतिक	rājanītik
Politiker (m)	राजनीतिज्ञ (m)	rājanītigy
Staat (m)	राज्य (m)	rājy
Bürger (m)	नागरिक (m)	nāgarik
Staatsbürgerschaft (f)	नागरिकता (f)	nāgarikata
Staatswappen (n)	राष्ट्रीय प्रतीक (m)	rāshtrīy pratīk
Nationalhymne (f)	राष्ट्रीय धुन (f)	rāshtrīy dhun
Regierung (f)	सरकार (m)	sarakār
Staatschef (m)	देश का नेता (m)	desh ka neta
Parlament (n)	संसद (m)	sansad
Partei (f)	दल (m)	dal
Kapitalismus (m)	पुंजीवाद (m)	punjīvād
kapitalistisch	पुंजीवादी	punjīvādī
Sozialismus (m)	समाजवाद (m)	samājavād
sozialistisch	समाजवादी	samājavādī
Kommunismus (m)	साम्यवाद (m)	sāmyavād
kommunistisch	साम्यवादी	sāmyavādī
Kommunist (m)	साम्यवादी (m)	sāmyavādī
Demokratie (f)	प्रजातंत्र (m)	prajātantr
Demokrat (m)	प्रजातंत्रवादी (m)	prajātantravādī
demokratisch	प्रजातंत्रवादी	prajātantravādī
demokratische Partei (f)	प्रजातंत्रवादी पार्टी (m)	prajātantravādī pārtī
Liberale (m)	उदारवादी (m)	udāravādī
liberal	उदारवादी	udāravādī
Konservative (m)	रूढ़िवादी (m)	rūrhivādī
konservativ	रूढ़िवादी	rūrhivādī
Republik (f)	गणतंत्र (m)	ganatantr
Republikaner (m)	गणतंत्रवादी (m)	ganatantravādī
Republikanische Partei (f)	गणतंत्रवादी पार्टी (m)	ganatantravādī pārtī
Wahlen (pl)	चुनाव (m pl)	chunāv
wählen (vt)	चुनना	chunana
Wähler (m)	मतदाता (m)	matadāta

Wahlkampagne (f)	चुनाव प्रचार (m)	chunāv prachār
Abstimmung (f)	मतदान (m)	matadān
abstimmen (vi)	मत डालना	mat dālana
Abstimmungsrecht (n)	मताधिकार (m)	matādhikār

Kandidat (m)	उम्मीदवार (m)	ummīdavār
kandidieren (vi)	चुनाव लड़ना	chunāv larana
Kampagne (f)	अभियान (m)	abhiyān

| Oppositions- | विरोधी | virodhī |
| Opposition (f) | विरोध (m) | virodh |

Besuch (m)	यात्रा (f)	yātra
Staatsbesuch (m)	सरकारी यात्रा (f)	sarakārī yātra
international	अंतर्राष्ट्रीय	antarrāshtrīy

| Verhandlungen (pl) | वार्ता (f pl) | vārtta |
| verhandeln (vi) | वार्ता करना | vārtta karana |

193. Politik. Regierung. Teil 2

Gesellschaft (f)	समाज (m)	samāj
Verfassung (f)	संविधान (m)	sanvidhān
Macht (f)	शासन (m)	shāsan
Korruption (f)	भ्रष्टाचार (m)	bhrashtāchār

| Gesetz (n) | कानून (m) | kānūn |
| gesetzlich (Adj) | कानूनी | kānūnī |

| Gerechtigkeit (f) | न्याय (m) | nyāy |
| gerecht | न्यायी | nyāyī |

Komitee (n)	समिति (f)	samiti
Gesetzentwurf (m)	विधेयक (m)	vidheyak
Budget (n)	बजट (m)	bajat
Politik (f)	नीति (f)	nīti
Reform (f)	सुधार (m)	sudhār
radikal	आमूल	āmūl

Macht (f)	ताकत (f)	tākat
mächtig (Adj)	प्रबल	prabal
Anhänger (m)	समर्थक (m)	samarthak
Einfluss (m)	असर (m)	asar

Regime (n)	शासन (m)	shāsan
Konflikt (m)	टकराव (m)	takarāv
Verschwörung (f)	साज़िश (f)	sāzish
Provokation (f)	उकसाव (m)	ukasāv

stürzen (vt)	तख़्ता पलटना	takhta palatana
Sturz (m)	तख़्ता पलट (m)	takhta palat
Revolution (f)	क्रांति (f)	krānti
Staatsstreich (m)	तख़्ता पलट (m)	takhta palat
Militärputsch (m)	फ़ौजी बगावत (f)	faujī bagāvat

Krise (f)	संकट (m)	sankat
Rezession (f)	आर्थिक मंदी (f)	ārthik mandī
Demonstrant (m)	प्रदर्शक (m)	pradarshak
Demonstration (f)	प्रदर्शन (m)	pradarshan
Ausnahmezustand (m)	फ़ौजी कानून (m)	faujī kānūn
Militärbasis (f)	सैन्य अड्डा (m)	sainy adda
Stabilität (f)	स्थिरता (f)	sthirata
stabil	स्थिर	sthir
Ausbeutung (f)	शोषण (m)	shoshan
ausbeuten (vt)	शोषण करना	shoshan karana
Rassismus (m)	जातिवाद (m)	jātivād
Rassist (m)	जातिवादी (m)	jātivādī
Faschismus (m)	फ़ासिवादी (m)	fāsivādī
Faschist (m)	फ़ासिस्ट (m)	fāsist

194. Länder. Verschiedenes

Ausländer (m)	विदेशी (m)	videshī
ausländisch	विदेश	videsh
im Ausland	परदेश में	paradesh men
Auswanderer (m)	प्रवासी (m)	pravāsī
Auswanderung (f)	प्रवासन (m)	pravāsan
auswandern (vi)	प्रवास करना	pravās karana
Westen (m)	पश्चिम (m)	pashchim
Osten (m)	पूर्व (m)	pūrv
Ferner Osten (m)	सुदूर पूर्व (m)	sudūr pūrv
Zivilisation (f)	सभ्यता (f)	sabhyata
Menschheit (f)	मानवजाति (f)	mānavajāti
Welt (f)	संसार (m)	sansār
Frieden (m)	शांति (f)	shānti
Welt-	विश्वव्यापी	vishvavyāpī
Heimat (f)	मातृभूमि (f)	mātrbhūmi
Volk (n)	जनता (m)	janata
Bevölkerung (f)	जनता (m)	janata
Leute (pl)	लोग (m)	log
Nation (f)	जाति (f)	jāti
Generation (f)	पीढ़ी (f)	pīrhī
Territorium (n)	प्रदेश (m)	pradesh
Region (f)	क्षेत्र (m)	kshetr
Staat (z.B. ~ Alaska)	राज्य (m)	rājy
Tradition (f)	रिवाज़ (m)	rivāz
Brauch (m)	परम्परा (m)	parampara
Ökologie (f)	परिस्थितिकी (f)	paristhitikī
Indianer (m)	रेड इंडियन (m)	red indiyan
Zigeuner (m)	जिप्सी (f)	jipsī

| Zigeunerin (f) | जिप्सी (f) | jipsī |
| Zigeuner- | जिप्सी | jipsī |

Reich (n)	साम्राज्य (m)	sāmrājy
Kolonie (f)	उपनिवेश (m)	upanivesh
Sklaverei (f)	दासता (f)	dāsata
Einfall (m)	हमला (m)	hamala
Hunger (m)	भूखमरी (f)	bhūkhamarī

195. Wichtige Religionsgruppen. Konfessionen

| Religion (f) | धर्म (m) | dharm |
| religiös | धार्मिक | dhārmik |

Glaube (m)	धर्म (m)	dharm
glauben (vt)	आस्था रखना	āstha rakhana
Gläubige (m)	आस्तिक (m)	āstik

| Atheismus (m) | नास्तिकवाद (m) | nāstikavād |
| Atheist (m) | नास्तिक (m) | nāstik |

Christentum (n)	ईसाई धर्म (m)	īsaī dharm
Christ (m)	ईसाई (m)	īsaī
christlich	ईसाई	īsaī

Katholizismus (m)	कैथोलिक धर्म (m)	kaitholik dharm
Katholik (m)	कैथोलिक (m)	kaitholik
katholisch	कैथोलिक	kaitholik

Protestantismus (m)	प्रोटेस्टेंट धर्म (m)	protestent dharm
Protestantische Kirche (f)	प्रोटेस्टेंट चर्च (m)	protestent charch
Protestant (m)	प्रोटेस्टेंट (m)	protestent

Orthodoxes Christentum (n)	ऑर्थीडॉक्सी (m)	orthodoksī
Orthodoxe Kirche (f)	ऑर्थीडॉक्स चर्च (m)	orthodoks charch
orthodoxer Christ (m)	ऑर्थीडॉक्सी (m)	orthodoksī

Presbyterianismus (m)	प्रेस्बिटेरियनवाद (m)	presbiteriyanavād
Presbyterianische Kirche (f)	प्रेस्बिटेरियन चर्च (m)	presbiteriyan charch
Presbyterianer (m)	प्रेस्बिटेरियन (m)	presbiteriyan

| Lutherische Kirche (f) | लुथर धर्म (m) | luthar dharm |
| Lutheraner (m) | लुथर (m) | luthar |

| Baptismus (m) | बैप्टिस्ट चर्च (m) | baiptist charch |
| Baptist (m) | बैप्टिस्ट (m) | baiptist |

Anglikanische Kirche (f)	अंग्रेज़ी चर्च (m)	angrezī charch
Anglikaner (m)	अंग्रेज़ी (m)	angrezī
Mormonismus (m)	मोर्मनवाद (m)	mormanavād
Mormone (m)	मोर्मन (m)	morman

| Judentum (n) | यहूदी धर्म (m) | yahūdī dharm |
| Jude (m) | यहूदी (m) | yahūdī |

Buddhismus (m)	बौद्ध धर्म (m)	bauddh dharm
Buddhist (m)	बौद्ध (m)	bauddh
Hinduismus (m)	हिन्दू धर्म (m)	hindū dharm
Hindu (m)	हिन्दू (m)	hindū
Islam (m)	इस्लाम (m)	islām
Moslem (m)	मुस्लिम (m)	muslim
moslemisch	मुस्लिम	muslim
Schiismus (m)	शिया इस्लाम (m)	shiya islām
Schiit (m)	शिया (m)	shiya
Sunnismus (m)	सुन्नी इस्लाम (m)	sunnī islām
Sunnit (m)	सुन्नी (m)	sunnī

196. Religionen. Priester

Priester (m)	पादरी (m)	pādarī
Papst (m)	पोप (m)	pop
Mönch (m)	मठवासी (m)	mathavāsī
Nonne (f)	नन (f)	nan
Pfarrer (m)	पादरी (m)	pādarī
Abt (m)	एब्बट (m)	ebbat
Vikar (m)	विकार (m)	vikār
Bischof (m)	बिशप (m)	bishap
Kardinal (m)	कार्डिनल (m)	kārdinal
Prediger (m)	प्रीचर (m)	prīchar
Predigt (f)	धर्मोपदेश (m)	dharmopadesh
Gemeinde (f)	ग्रामवासी (m)	grāmavāsī
Gläubige (m)	आस्तिक (m)	āstik
Atheist (m)	नास्तिक (m)	nāstik

197. Glauben. Christentum. Islam

Adam	आदम (m)	ādam
Eva	हव्वा (f)	havva
Gott (m)	भगवान (m)	bhagavān
Herr (m)	ईश्वर (m)	īshvar
Der Allmächtige	सर्वशक्तिशाली (m)	sarvashaktishālī
Sünde (f)	पाप (m)	pāp
sündigen (vi)	पाप करना	pāp karana
Sünder (m)	पापी (m)	pāpī
Sünderin (f)	पापी (f)	pāpī
Hölle (f)	नरक (m)	narak
Paradies (n)	जन्नत (m)	jannat

| Jesus | ईसा (m) | īsa |
| Jesus Christus | ईसा मसीह (m) | īsa masīh |

der Heiliger Geist	पवित्र आत्मा (m)	pavitr ātma
der Erlöser	मुक्तिदाता (m)	muktidāta
die Jungfrau Maria	वर्जिन मैरी (f)	varjin mairī

Teufel (m)	शैतान (m)	shaitān
teuflisch	शैतानी	shaitānī
Satan (m)	शैतान (m)	shaitān
satanisch	शैतानी	shaitānī

Engel (m)	फ़रिश्ता (m)	farishta
Schutzengel (m)	देवदूत (m)	devadūt
Engel(s)-	देवदूतीय	devadūtīy

Apostel (m)	धर्मदूत (m)	dharmadūt
Erzengel (m)	महादेवदूत (m)	mahādevadūt
Antichrist (m)	ईसा मसीह का शत्रु (m)	īsa masīh ka shatru

Kirche (f)	गिरजाघर (m)	girajāghar
Bibel (f)	बाइबिल (m)	baibil
biblisch	बाइबिल का	baibil ka

Altes Testament (n)	ओल्ड टेस्टामेंट (m)	old testāment
Neues Testament (n)	न्यू टेस्टामेंट (m)	nyū testāment
Evangelium (n)	धर्मसिद्धान्त (m)	dharmasiddhānt
Heilige Schrift (f)	धर्म ग्रंथ (m)	dharm granth
Himmelreich (n)	स्वर्ग (m)	svarg

Gebot (n)	धर्मादेश (m)	dharmādesh
Prophet (m)	पैगंबर (m)	paigambar
Prophezeiung (f)	आगामवाणी (f)	āgāmavānī

Allah	अल्लाह (m)	allāh
Mohammed	मुहम्मद (m)	muhammad
Koran (m)	क़ुरान (m)	qurān

Moschee (f)	मस्जिद (m)	masjid
Mullah (m)	मुल्ला (m)	mulla
Gebet (n)	दुआ (f)	dua
beten (vi)	दुआ करना	dua karana

Wallfahrt (f)	तीर्थ यात्रा (m)	tīrth yātra
Pilger (m)	तीर्थ यात्री (m)	tīrth yātrī
Mekka (n)	मक्का (m)	makka

Kirche (f)	गिरजाघर (m)	girajāghar
Tempel (m)	मंदिर (m)	mandir
Kathedrale (f)	गिरजाघर (m)	girajāghar
gotisch	गोथिक	gothik
Synagoge (f)	सीनागोग (m)	sīnāgog
Moschee (f)	मस्जिद (m)	masjid

| Kapelle (f) | चैपल (m) | chaipal |
| Abtei (f) | ईसाई मठ (m) | īsaī math |

Nonnenkloster (n)	मठ (m)	math
Mönchskloster (n)	मठ (m)	math
Glocke (f)	घंटा (m)	ghanta
Glockenturm (m)	घंटाघर (m)	ghantāghar
läuten (Glocken)	बजाना	bajāna
Kreuz (n)	क्रॉस (m)	kros
Kuppel (f)	गुंबद (m)	gumbad
Ikone (f)	देव प्रतिमा (f)	dev pratima
Seele (f)	आत्मा (f)	ātma
Schicksal (n)	भाग्य (f)	bhāgy
das Böse	बुराई (f)	buraī
Gute (n)	भलाई (f)	bhalaī
Vampir (m)	पिशाच (m)	pishāch
Hexe (f)	डायन (f)	dāyan
Dämon (m)	असुर (m)	asur
Geist (m)	आत्मा (f)	ātma
Sühne (f)	प्रयाश्चित (m)	prayāshchit
sühnen (vt)	प्रयाश्चित करना	prayāshchit karana
Gottesdienst (m)	धार्मिक सेवा (m)	dhārmik seva
die Messe lesen	उपासना करना	upāsana karana
Beichte (f)	पापस्वीकरण (m)	pāpasvīkaran
beichten (vi)	पापस्वीकरण करना	pāpasvīkaran karana
Heilige (m)	संत (m)	sant
heilig	पवित्र	pavitr
Weihwasser (n)	पवित्र पानी (m)	pavitr pānī
Ritual (n)	अनुष्ठान (m)	anushthān
rituell	सांस्कारिक	sānskārik
Opfer (n)	कुरबानी (f)	kurabānī
Aberglaube (m)	अंधविश्वास (m)	andhavishvās
abergläubisch	अंधविश्वासी	andhavishvāsī
Nachleben (n)	परलोक (m)	paralok
ewiges Leben (n)	अमर जीवन (m)	amar jīvan

VERSCHIEDENES

198. Verschiedene nützliche Wörter

Anfang (m)	शुरू (m)	shurū
Anstrengung (f)	प्रयत्न (m)	prayatn
Anteil (m)	भाग (m)	bhāg
Art (Typ, Sorte)	प्रकार (m)	prakār
Auswahl (f)	चुनाव (m)	chunāv
Barriere (f)	बाधा (f)	bādha
Basis (f)	आधार (m)	ādhār
Beispiel (n)	उदाहरण (m)	udāharan
bequem (gemütlich)	आरामदेह	ārāmadeh
Bilanz (f)	संतुलन (m)	santulan
Ding (n)	वस्तु (f)	vastu
dringend (Adj)	अत्यावश्यक	atyāvashyak
dringend (Adv)	तत्काल	tatkāl
Effekt (m)	प्रभाव (m)	prabhāv
Eigenschaft (Werkstoff~)	गुण (m)	gun
Element (n)	तत्व (m)	tatv
Ende (n)	ख़त्म (m)	khatm
Entwicklung (f)	विकास (m)	vikās
Fachwort (n)	पारिभाषिक शब्द (m)	pāribhāshik shabd
Fehler (m)	ग़लती (f)	galatī
Form (z.B. Kugel-)	रूप (m)	rūp
Fortschritt (m)	उन्नति (f)	unnati
Gegenstand (m)	चीज़ें (f)	chīzen
Geheimnis (n)	रहस्य (m)	rahasy
Grad (Ausmaß)	मात्रा (f)	mātra
Halt (m), Pause (f)	विराम (m)	virām
häufig (Adj)	बारंबार	bārambār
Hilfe (f)	सहायता (f)	sahāyata
Hindernis (n)	अवरोध (m)	avarodh
Hintergrund (m)	पृष्ठिका (f)	prshtika
Ideal (n)	आदर्श (m)	ādarsh
Kategorie (f)	श्रेणी (f)	shrenī
Kompensation (f)	क्षतिपुर्ति (f)	kshatipurti
Labyrinth (n)	भूलभुलैया (f)	bhūlabhulaiya
Lösung (Problem usw.)	हल (m)	hal
Moment (m)	पल (m)	pal
Nutzen (m)	उपयोग (m)	upayog
Original (Schriftstück)	मूल (m)	mūl
Pause (kleine ~)	विराम (m)	virām

Position (f)	स्थिति (f)	sthiti
Prinzip (n)	उसूल (m)	usūl
Problem (n)	समस्या (f)	samasya
Prozess (m)	प्रक्रिया (f)	prakriya
Reaktion (f)	प्रतिक्रिया (f)	pratikriya
Reihe (Sie sind an der ~)	बारी (f)	bārī
Risiko (n)	जोखिम (m)	jokhim
Serie (f)	श्रृंखला (f)	shrrnkhala
Situation (f)	स्थिति (f)	sthiti
Standard-	मानक	mānak
Standard (m)	मानक (m)	mānak
Stil (m)	शैली (f)	shailī
System (n)	प्रणाली (f)	pranālī
Tabelle (f)	सारणी (f)	sāranī
Tatsache (f)	तथ्य (m)	tathy
Teilchen (n)	टुकड़ा (m)	tukara
Tempo (n)	गति (f)	gati
Typ (m)	ढंग (m)	dhang
Unterschied (m)	फ़र्क (m)	fark
Ursache (z.B. Todes-)	कारण (m)	kāran
Variante (f)	विकल्प (m)	vikalp
Vergleich (m)	तुलना (f)	tulana
Wachstum (n)	वृद्धि (f)	vrddhi
Wahrheit (f)	सच (m)	sach
Weise (Weg, Methode)	तरीका (m)	tarīka
Zone (f)	क्षेत्र (m)	kshetr
Zufall (m)	समकालीनता (f)	samakālīnata

www.ingramcontent.com/pod-product-compliance
Lightning Source LLC
LaVergne TN
LVHW051345080426
835509LV00020BA/3289